準備力

実践する考える野球

遠藤友彦

目次

ステップ2

行動

ステップ3

突きつめる

はじめに

人間がそのときにしていることに完全に没頭してのめりこみ、あれよあれよというまに、常識では考えられない成果を出している状態を「フロー」といいます。心理学者のミハイ・チクセントミハイによって提唱され、スポーツの世界では「ＺＯＮＥ（ゾーン）」とも呼ばれています。

誰もが入りこみたい「フロー」「ゾーン」ですが、過去の人生を紐解いていけば自分の中でもいくつかあるはずです。

没頭してのめりこみ、成果を出している状態

坊主頭で白球を追っていた高校野球時代、相手は強豪校で九回二死ランナーなし。五点差があり、スタンドからは「あとひとり」のコール。万事休

すの場面です。しかし、ここから打線がつながり一氣に六点取り、神がかり的なサヨナラ勝利。スタンドで私のチームの勝利を予測した人は、誰ひとりいなかったことでしょう。

今考えれば、間違いなく選手全員がゾーンといわれる領域に入っていました。諦めることなく、ひっくり返ると疑わなかったチームメイト。最終回の逆転は、何か急流の中に自分たちがいてその流れに乗っていただけの感覚。力んだ感じはまったくなく、自然体だったような氣がします。

社会人野球時代にくすぶっていた頃、当時のベテランレギュラー捕手が試合で大怪我。控え選手の中から代役を選ぶ目的での練習試合。私に与えられたチャンスは一度きりです。

相手投手は、北海道から日本代表にも選ばれていたアンダースローのベテラン投手。まったく太刀打ちできないほどの力の差はありましたが、初めての打席でレフトスタンドへ痛烈なホームラン。現役十六年で三割四分一厘の成績をおさめていますが、アンダースローの打率は一割以下なのに不思議なホームランです。

私の未来を左右するその瞬間に、一番苦手な投げ方をする投手から成果を出したのです。これも瞬間的にゾーンに入った経験のひとつです。

北海道野球の歴史を変えた駒澤大学附属苫小牧高校野球部。甲子園大会が始まって以来、北海道のチームは八十五年間一度たりとも優勝したことはありませんでした。

しかし、八十六年目にして駒苫が甲子園全国大会で初優勝し、翌年は甲子園大会二連覇、翌々年は田中将大投手の活躍もあり、決勝で延長引き分け再試合で負けたものの三年連続甲子園の決勝を戦いました。

まさにゾーン状態です。

五千年にわたり読み継がれてきた「易経」という書物。帝王学の書ともいわれ、数々の賢者が読み解きその考え方を使ってきました。

易経の中では「その時々にあったことをしなければ、成功するものもうまくいかない」と書かれています。簡単な二文字**【時中《じちゅう》】**という言葉で、すべてを物語っています。物事には段階があり、その段階にするべき考え方や行動をしていくことの重要性を説いているのです。

易経の第一人者、竹村亞希子先生の講座を受講したときに「流れ」の大事さを痛感しました。

私が数々のゾーンに入ったのは偶然ではなく「そのときにするべきことをしてきたから」だと確信したのを覚えています。第三者は「奇跡」という言葉で片付けようとします。しかし、当事者が成果を振り返り紐解いていけば「なるほど」と偶然の産物ではないことに氣づきます。

誰でも毎日の積み重ねは退屈で、ときには「二段跳び」をしたくなることでしょう。しかし、そうは問屋が卸さないのです。遅い流れのときにはゆっくり小走りをして、急な流れになれば全力疾走する。その時々にあったことを意識してできれば、自然の法則に逆らうことなくプラスの方向へ歩んでいきます。

ソニーの上席常務までやられた天外伺朗さんは、ソニー時代、CDを開発したり、犬型ロボット「AIBO」を開発し商品化しました。このとき、考えられないほどのスピードで事業を形にしていったのです。フロー状態に入ると、やることなすことがうまくいき、まるでスーパーマンにでもなったようです。天外先生は「燃える集団」をつくることを常に考え、現在は天外塾で「フロー経営」と題して講座を全国で開かれています。

意図的に「ゾーン」「フロー」に入ることは難しいといわれますが、入る条件を整えていくことはできるはずです。小田島裕一さんの立志塾で、日本分子生物学者である村上和雄さんの言葉が紹介されていました。自分でも驚くほどの成果をあげるには、次の三つの条件が当てはまっていることが多いようです。

①明確な目標をもっている
②努力を積み重ねている
③壁にぶち当たっている

①と②は理解できると思いますが、③は意外ですよね。やる氣満々で努力を積み重ねているだけではゾーンには入れないというのです。どうやら壁にぶち当たってもがいているときに、最も入りやすくなるようです。

確かに私の経験でも、絶体絶命の状態からゾーンに入りました。香田監督も甲子園優勝した前年は、一回戦で八対〇で勝っていましたが途中で大雨になり翌日再試合に。そして翌日僅差で敗北してしまったのです。その翌年に全国制覇……。

本氣でやっている人が、本当の壁にぶち当たる

これは私の自論です。適当にやっている人には訪れない壁があります。ここが見えた瞬間に、どうやらゾーンが近づいたり見えてくるようです。

もうひとつ、ゾーンに入る重要な要素があります。それが**【準備】**です。上昇氣流に乗るための準備を、いかにコツコツ積み重ねていけるかが重要です。

「こんなに努力しているのに、どうして成果が出ないのか」

旅行に行くとき、旅行バックに衣類を乱雑につめ込んではいけません。大きなバックにひとつひとつコンパクトにまとめながら入れていきます。靴下はここ、下着はこの辺に、大きな衣類はここにまとめよう……。まとめながら入れこむとたくさんの衣類も入りますし、使うときに探すこともなくスムーズに出せたりします。

準備をすると未来がスムーズに動いていきます。準備を疎《おろそ》かにしたり、軽くみてはいけません。その時々にする準備をしっかりしていけば、大きな成果に結びついていきます。

本書は、拙著『考える野球』から四年を経て、数々の「野球塾」や「立志塾」、指導者を対象とした「秘密塾」などを通じて新たに経験し学んだ要素をつめ込みました。

また五千年にわたり読み継がれてきた「易経」の考え方を取り入れ、師と仰ぐメンタルトレーニングの第一人者・西田文郎先生の考え方、尊敬する天外岡朗先生のフロー理論、そして実践するドラッカーの佐藤等先生の考えを盛り込んでいます。

成果をあげるために必要な流れを3ステップに分けました。今の自分に照らし合わせて「何を考え、何をするべきか」を意識しながら読み進めてください。読み終わったときには心が定まった自分と会えることでしょう。

用意周到な準備があり、着実な計画のもと実践していくことで大きな成果へとつながっていきます。

流れを重視するエントモイズム

さあ、成果が出せる流れをしっかりとつかみましょう。

ステップ1

準備

準備力が成果を決める

準備なくして物事をスタートすると、数々の困難に右往左往し自分を保てなくなります。心を揺らすことなく、安定した状態で歩むためには用意周到な【準備】が必要なのです。

私が社会人野球で技術能力が乏しいなか、エリート選手より成果を出せたのは準備力が秀でていたからだと自己分析します。

心がふわふわして不安定な状態でスタートするのではなく、心が鉄のように固く安定した状態でスタートするべきです。

× 迷いながら進む
◯ 心が決まった状態で、スタートダッシュする

段取り八割といいますが、準備力が成果を大きく左右します。

ステップ1では、行動する前の準備を五つに分類しました。心を徐々に固めていくことに時間を費やしていきましょう。

1　現在地を知る

何よりも最初にするべきことは**現在地**を知ること。「今の本当の自分」に向き合うことが大切。「心・技・体」それぞれについて、現在地を細かくチェックします。自己評価だけじゃなく他者評価も効果的です。

2　強みをみつける

自分の強みで成果を出していきます。あれば磨き、なければつくればいい。弱みだと思っていたことが、じつは強みだったということも。**強み**をハッキリさせ、意識して行動していくことが大事です。

3 ← 4 ← 5

3 志を立て目標・目的を明確にする

志は行動の原点。原点回帰したくても戻るところがないと戻れません。**確乎不抜**の志を立てて、ぶれない自分をつくります。どこまでいくのか、何のためにやるのかをハッキリさせるとパワーがみなぎります。

4 計画を立てる

目指す方向が決まれば、次にどうやるかです。細かく計画を立てて自分が動けるような工夫が必要です。「心・技・体」の**行動計画**を立て、自分を動かしましょう。目先の行動にばかりとらわれるのではなく、「遠くを見ながら近くを見る」感覚が大切です。

5 腹を決める

スタートするときに「何がなんでもやってやる」という**覚悟**が必要です。自分を追いこむ「背水の陣」、野球選手が丸坊主になるのには理由があります。後ろに絶対引かないという強い心をつくりましょう。

ステップ1は、樹木に例えるなら強い根を張る段階です。大地にしっかり根を張っていれば、強い風が吹いても木は容易に倒れることはありません。反対に根が貧弱だと、どんなに枝葉が立派でも、たった一度の強風で簡単に倒れてしまいます。

行動を起こす前に、ぶれない自分をつくることが重要です。スタートすれば数々の困難があります。目の前の困難に対し動じない自分になるためには「事前準備」が大事なのです。

ステップ1に時間を割く人は成功にグンと近くなります。根をしっかり張り、太い幹を育て、丈夫な枝を張るための土台をつくりましょう。

ステップ1

1

現在地を知る

細かく分析

うまくいかないチームの監督は、自分や自分たちのチームのことを知ろうとせずに「こうあるべき」という理想ばかりを追いかけてしまいます。

小柄な選手が多いのに、「重量打線を目指す」という的外れなことをしてもうまくいきません。

自分を知りつつ理想を描いて目指すのと、ただ闇雲に目指すのとでは未来の成果は大きく変わります。

私がチーム指導をするとき、選手たちに最初にしてもらうのが「自己評価」です。今の自分は、何ができてどういう状態なのか。チェックシートを用意し、細かな項目に分けて自分を客観的に数値化します。

「心・技・体」それぞれについて、例えば体であれば、健康状態や筋力、体格、柔軟性などを、できるだけ細分化して自己評価します。

柔軟性とひと言でいっても、股関節はどうか、肩はどうか、足首はどうかといった具合に、掘り下げてみないことには「やるべきこと」は見えてきません。

細かく自分を俯瞰してみて、改善点を洗い出すのが一歩目です。

ないない自分に氣づく

自己評価をすると大抵の人は凹《へこ》みます。現在地を知れば多くの人が、理想とのギャップの大きさに愕然とするものです。でもそれは当然なんです。

現在地を知ることは
足りない自分を知ること

足りない自分を知ることで未来の〝行動〟が明らかになってきます。

「これもない」「あれもない」今の自分から目を背けてはいけません。今の自分を受け入れることが第一歩。否定するのではなく、認めるのです。

「経営の神様」と呼ばれた松下幸之助さんは、若い頃たいへんな苦労をされました。

小学校を卒業しただけで学歴もない。幼いときから病弱で健康でもない。創業時には当然お金もない。「ないないづくし」であれば成功できないと大抵の人は思いこむことでしょう。しかし、学歴がないから積極的に人に聞いて学び、病弱だったので人に任せ、お金がないから工夫をし本氣の努力で成功したのです。

大成する人はみな、弱い自分・足りない自分を含めて**自分の現在地**をしっかりと把握しています。素直に今の自分を受け入れ、勇氣をもって行動していったのです。

弱い自分・足りない自分を知ることで、それを克服するための努力をしています。

ですから、自分を色メガネなしに客観的に「観《み》る」ことが大切なんです。

できている自分に氣づく

冷静にできない自分を観ることが大事ですが、できている自分を知ることも同じくらい重要です。できていない自分を考えると「すべてダメだ」と思いがちですが、程度は別としてできている自分も必ずいます。

達人の領域ではないけど
ここまではできている

満足するまでは程遠いかもしれませんが、自分の中でできることの整理をする必要があります。あまりにもできない自分ばかりみているとマイナス感情になり、やる氣も出てきません。

社会人野球現役時代、若い頃は直球への反応がイマイチでした。直球で打ち取られることが多くありましたが、変化球を打つことは比較的得意なほうでした。

凡打して結果が出せない

この事実は変わりませんが、変化球打ちがうまいという一筋の光はあったのです。ここが自分の中で「心の拠り所」になっていました。その変化球打ちも他の選手と比べると大したことありませんでしたが、自分の中で秀でていると思っていることが大事なのです。

できないこと、できることを冷静に自分の中で把握することです。磨き方はそれぞれでしょうが、自分を知らなければ的外れな行動を繰り返すことになるかもしれません。

私が主催しているエントモ会（注1）で、毎月現状把握をしてもらいます。時々刻々と自分も変化しています。都度、自分の現在地を自分で知っておく必要があるのです。

図1は、エントモ会で使っている把握シートです。10点満点で点数評価して、その点数を付けた理由を書いてもらいます。すべてを書いてから一通り見直すと、「なるほど」と思います。今足りないこと、足りていることが明確になるのです。

今を知っている人は最強

野球であれば、「走る」「打つ」「守る」に関して今の自分はどうなのかを細分化して考える必要があります。エントモ流「現状把握野球バージョン」に興味がある方は、インターネットでアクセスしてみてください。（注2）

素直な負けず嫌いになる

自己評価の他に他者評価をしてもらうのも、ギャップが見られて効果的です。

自分ではできているつもりなのに、他の人から指摘され「あれ？　意外にできてない……」ということはよくあることです。私はチーム指導をするときに、試合後のミーティングで本当のことを言います。私からの目線（他者評価）で、できていない自分たちに氣づいてもらうためです。

全力疾走をしている**つもり**
大きな声を出している**つもり**

「つもり」は、現在地を正しく把握していないことになります。他からの指摘は、できている指摘よりも、できていない指摘の方が多いと思います。できていない指摘を受けたとき、「うるさいな分かってるよ」と思うのか「ありがとうございます」と受け取るのかは自分の勝手ですが、素直に受け止められるかで成長度合いが変わります。

日本のメンタルトレーニングの第一人者である西田文郎先生（注3）は、優秀な選手の条件として「素直な負けず嫌い」という要素をあげています。

「トップアスリートの特徴は、負けず嫌いであり、同時に素直であること」と西田先生はいいます。素直であることは、最強の自分をつくるための第一条件なんです。

「むむむ」と一瞬は思うでしょうが、数秒後には「ありがとうございます」と変換できるかどうかです。私も現役時代、何度も指摘をされました。その度に、少しずつ成長してきたような氣がします。誰もダメになって欲しいと思いアドバイスする人はいません。少しでも参考になれば、ちょっとでもよくなればと思い厳しい指摘をしてくれるのです。

自己評価と他者評価で自分を冷静に分析しましょう。順番は自己評価が先で、その後に他者評価をしてもらってください。他者評価を先にすると、そこで先入観ができてしまい、正しく自己を評価できなくなってしまうからです。

自己を把握すると自分の役割に氣づきます。
自分の生きる道を見い出すことができます。

毎月の月末は確認をする日、毎週日曜日は確認する日というように、自分と向き合うタイミングをしっかりと決めておくことです。静かな場所で雑念が入らない状態でやると効果的です。書くことで氣づくことがあります。私の把握シートを参考にオリジナルをつくってみてください。

己を知ることが成功への第一歩

本当の自分を知るのは少し怖いものですが、勇氣をもち時間をかけましょう。

10点満点で評価し、その点数の理由を記入

エントモ会・自分把握シート

現状把握！　自分を知ると、「今」やるべきことが見えてきます……

挨拶	立ち止まる、つま先を向ける、目を見る、自分の心を整える挨拶ができたか…… 1 2 3 4 5 6 7 8 9 10 その理由
笑顔	ピンチのときでも笑顔を絶やさず、笑顔でプラスの空気を呼びこめたか…… 1 2 3 4 5 6 7 8 9 10 その理由
はきものを揃える	自宅の玄関を始め、どんな場所でも揃えられたか…… 1 2 3 4 5 6 7 8 9 10 その理由
ゴミ拾い	一日一個以上のゴミを拾えたか…… 1 2 3 4 5 6 7 8 9 10 その理由
チャレンジ意欲	現状維持思考ではなく、「なおもっと」の精神でチャレンジできたか…… 1 2 3 4 5 6 7 8 9 10 その理由
時間厳守	相手を待たせることなく、徹底して時間を守れたか…… 1 2 3 4 5 6 7 8 9 10 その理由
整理整頓後見癖	自宅の部屋のそうじ、自分が立ち去ったあとが美しかったか…… 1 2 3 4 5 6 7 8 9 10 その理由

図1

ほめている	自分をほめる。他者をほめることを積極的にしていたか…… 1 2 3 4 5 6 7 8 9 10 その理由
健康のため運動	楽をせずに階段を使う、歩く、普段の生活で「健康」を意識して運動していたか…… 1 2 3 4 5 6 7 8 9 10 その理由
プラス受信	マイナスの事柄をプラスに捉えられたか…… 1 2 3 4 5 6 7 8 9 10 その理由
読書	読書は心の栄養剤。良書を読み、心を豊かにしていく…… 1 2 3 4 5 6 7 8 9 10 その理由
強み	自分の強みを意識して使えたか…… 1 2 3 4 5 6 7 8 9 10 その理由

〈今後具体的にどうするか、何を重点的に取り組むか。〉

ステップ1

2

強みを見つける

自分の強みは……

経済学者のピーター・ドラッカーをご存知でしょうか。「もし高校野球の女子マネージャーがドラッカーの『マネジメント』を読んだら」という本がベストセラーになりましたが、ドラッカー各書は、現代でも色あせない原理原則を説いています。

強みでしか
成果を出せない

私がドラッカーの本で、心に残っているフレーズです。

野球の世界も同じです。自分の強みが何なのかを知り、その強みを使える選手にならなければ成果が出せないのです。強みといえば、「足が速い」「速い球が投げられる」「遠くに飛ばす」という技術的なことが頭に浮かびますが、それだけではありません。

例えば「少々のミスでも落ちこまない」「我慢強く心のスタミナがある」「石橋を渡るが如く慎重だ」など、心の部分での強みもあることでしょう。

野球の講演会をすると選手は「自分の強みがわからない」と口を揃えます。弱みはすぐに頭に浮かびますが、強みは浮かばないのです。

原因のひとつに、他者と比べていることがあげられます。大抵は瞬時に自分の良いところが浮かびますが、次の瞬間「でも、あいつと比べたら恥ずかしくて言えないな」と思い、せっかく浮かんだ強みも消えていきます。

他者と比べることなく自分の中で「強み」と思えば、それが強みなのです。今は小さなつぼみでも、将来は大きな武器になるように咲かせていけばいいのです。

「自分の強みはこれだ!!」

強みをわかっている人は、それを徹底的に意識して伸ばす（磨く）のです。何をするときにも「これが強み」という感覚で動くのです。

強みがわからない人は、次のふたつの方法で氣づく、もしくはつくっていくとよいでしょう。

① 他者から教えてもらう

先程の「現在地を知る」という項目でも言いましたが、自分のことは自分がよくわからない……。ならば、人に思いきって「俺の強みは何だろう？」と聞いてみましょう。すると「そうなんだ!!」と思う人がたくさんいることでしょう。

② 強みを意図的につくる

なければつくればいいのです。方向性を明確にして「自分は○○で生きる」と決めて行動を重ねていけば強みになっていきます。

現実的に①よりも②のパターンが多いと思います。意図的につくるときには、「決める」（方向性）ことが重要になります。

例えば、一番打者を目指すという目標を決めます。現在一番打者かどうかなんてまったく関係なく、将来的に一番になるとまず決めることです。次に一番打者の役割（役目）を考えます……。

必ず出塁すること

これが一番打者の役割です。出塁には様々な方法があります。四球でもいいし死球でもいい。相手の失策でもよければヒットで出塁するのもオッケーです。出塁するために、一番打者に求められるのは「選球眼」（注4）です。ストライク・ボールの見極めが大切になります。

こうして、普段の練習でやる「具体的行動」が決まりました。ボールの見極めをしながらバットを振るという行動が決まったのです。

素振り、ティーバッティングやマシンバッティング、バットを持つすべての場面でストライクとボールの「見極め」を意識して積み重ねていきます。毎日の練習の中でこだわってやると選球眼が自然に身につき、それが〝**結果**

的に〟に自身の強みとなっていくのです。

「遠藤といえば選球眼が良く、ボール球に手を出さない選手だ」

周囲が思うようになれば、立派な強みができたことになります。周囲から頼れる存在になり、自信が芽生えることでしょう。

自分の強みとなった選球眼を試合で発揮できれば、成果をあげられる選手になります。「こうなる」と決めて意識して練習をしていけば、強みをつくることも可能なのです。

もうひとつ例を挙げます。四番打者になると決めたとします。四番打者の役割は何でしょうか。

ランナーをホームにかえすこと

どんな場面でも、チームに得点をもたらすのが四番打者です。ランナーをかえすのが役割ならば、日々の練習で意識することも決まってきます。

積極的に振ること

これが四番打者に必要な資質となります。ボールの見極めは一番打者のようにしていきますが、待つというより積極的に攻める意識が四番打者は大事です。私が四番打者を目指すならば、打撃練習のときに「二死二塁」を常にイメージして打ちます。四番打者といえばホームランなどの長打を思い浮かべるでしょうが、私の四番打者像は違います。

勝負強く、ランナーをかえす

二死二塁でいい当たりの大飛球を打ったけど、外野手が超ファインプレーで好捕して得点ならず……惜しかった……。これではダメなのです。四番打者は、一・二塁間を渋く抜くヒットでも、三遊間を抜くヒットでもいいから、ランナーをかえすのが役割なのです。

速いゴロの打球を打つ

これが四番打者に必要な意識です。打撃練習で「あそこまで飛んだ」「今日はホームランが○○本でたぞ」と自己満足で自分に酔っている場合じゃありません。普段の素振り、ティーバッティングやマシンバッティングなどで「速いゴロ」にこだわることです。

厳しい状況をイメージしてやることにより、勝負強さも身につきます。

「遠藤といえば積極的で勝負強い選手だ」

こうなれば、たとえ四番打者になれなくても立派な強みが完成します。目指すものを決めると、意識してやる行動が決まる。なんとなくの積み重ねより、**強みをつくろうとして行動を積み重ねること**が大事なのです。

「一万回、素振りしました！」

野球指導者の中で「数をやらせる時期がある」と言い、とにかくバットを振らせる人がいます。数をやればそれなりに向上するでしょうが、「もったいない」と感じます。どうせやるなら、強みをつくるという意識をもちながら振ったほうがいい。そう思うのは、私だけでしょうか。

えっ、弱みがじつは強み？

夏の高校野球予選前、ある高校に指導したときの話です。

ブルペンを見るとスリークォータースローの右投手が投球練習をしていました。スリークォーターとは、上投げでもなく横投げでもなく、その中間くらいの位置から投げる投げ方をいいます。

私はたくさんの投手を全国各地で見ていますが、彼の投球を見た瞬間に「すごい！　久々に出会った逸材だ!!」と思いました。

ところが本人は自信なさそうに、首をひねりながら投げています。そこで彼に問いかけました。

「自分のことを自分でどう思う？」

「全然ダメです」

ダメだと思っている訳は、彼なりにあるようです。投手は、アウトコース七割、インコース三割、という割合でコースに投げ分けるのが一般的です。彼も例外ではなく、アウトコース中心に投げようとしていました。

しかし、彼の投げ方は斜め横から腕を振るので、右打者のアウトコースの直球が真ん中にシュート回転していきやすいのです。打者からすると外から真ん中に入ってくる力の無い球は打ちやすく、いつも勝負所で彼は打たれていました。

ブルペンでは、一所懸命に右打者のアウトコースストレートを〝シュート回転しないように〟投げているのです。

投球練習の大半を「しないように」という考え方で時間を費やし、うまくいかずにストレスを感じながらやっているのです。

「君の弱みは何？」

「見てのとおり、シュート回転して真ん中にいくことです……」

私の指導は「**今もっているものを最大限に生かす**」ことを考えます。社会人野球十六年の経験から「シュート回転」は最大の武器という考え方をもっています。考え方と使い方によって、弱みが強みに化けるのです。

「君のシュート回転の球は、最大の強みであり武器だと思う。君は弱みだと思っているかもしれないけど、それを生かすことができればすごい投手になれるぞ！」

彼は想定外の言葉に「ポカン」としていました。考え方と使い方を彼に詳しく伝えました。

「右打者は、右投手にインコースのシュート回転の球を投げ込まれると嫌なものだよ。左打者も自分から遠ざかる球なので打ちづらい。君はシュート回転を生かす投手になるべきだ！」

通常はアウトコース七割、インコース三割に投げ分けますが、彼にはアウトコース三割、インコース七割に投げ分けることをすすめました。「えっ、いいんですか？」と彼は言いましたが、**自分を最大限に生かすためには逆転の発想**が必要です。

みんなと同じようにしたい

「赤信号、みんなで渡れば怖くない」という言葉が流行った時代もありましたが、誰でも人と違ったことをするのは勇氣がいるものです。

彼には隠れている大きな強みがもうひとつありました。腕を目一杯振って投げるのが最大の武器だったのです。しかし、いつしかシュート回転しないようにと考え過ぎ、腕の振りが鈍くなり自分の強みを消していたのです。

自分の強みに氣づいた彼は、結果的にどうなったのか……

右打者へ食いこむシュート回転の球を武器にして、打者の胸元をえぐる打ちづらい球が彼の強みとなりました。通常は、右打者の近めに投げようとすると死球が氣になります。恐怖感で投げればコントロールミスをして、本当に当ててしまいがちです。

しかし、彼は、最大の武器がインコースだと思いプラス感情で投げているので、恐怖感より積極性が勝り、コントロールミスも少なくなりました。

自分の弱さを氣にしながら、マイナス思考で練習した時間。遅々とした成長だったようです。しかし、自分の強みを意識しながら練習した時間の成長度合いはまったく違いました。強みを知ると、最大の力は発揮されます。

弱みと思い込んでいたものがじつは強みである

周囲と同じでなければいけないという先入観で、自分の強みに氣づかない人も多くいます。「こうあるべき」という固定観念を捨て、弱みを分析してみるとよいでしょう。自分にとってはマイナスのように見えても、相手にとってはプラスということはたくさんあります。

強みを見つけ（つくり）、磨く（強化する）こと

これは野球に限らず、他のスポーツでも、ビジネスの世界でも、あらゆることに通じています。自分の強みを知りながら行動すると成長のスピードは高まります。強みを知るということは、鎧を身にまとい自分を強くします。

◯◯といえば、あなたである！

あなたは、強みを自覚していますか。そして使えていますか？

図2　・弱みは、平均まで引き上げる
・強みは、とことん伸ばす

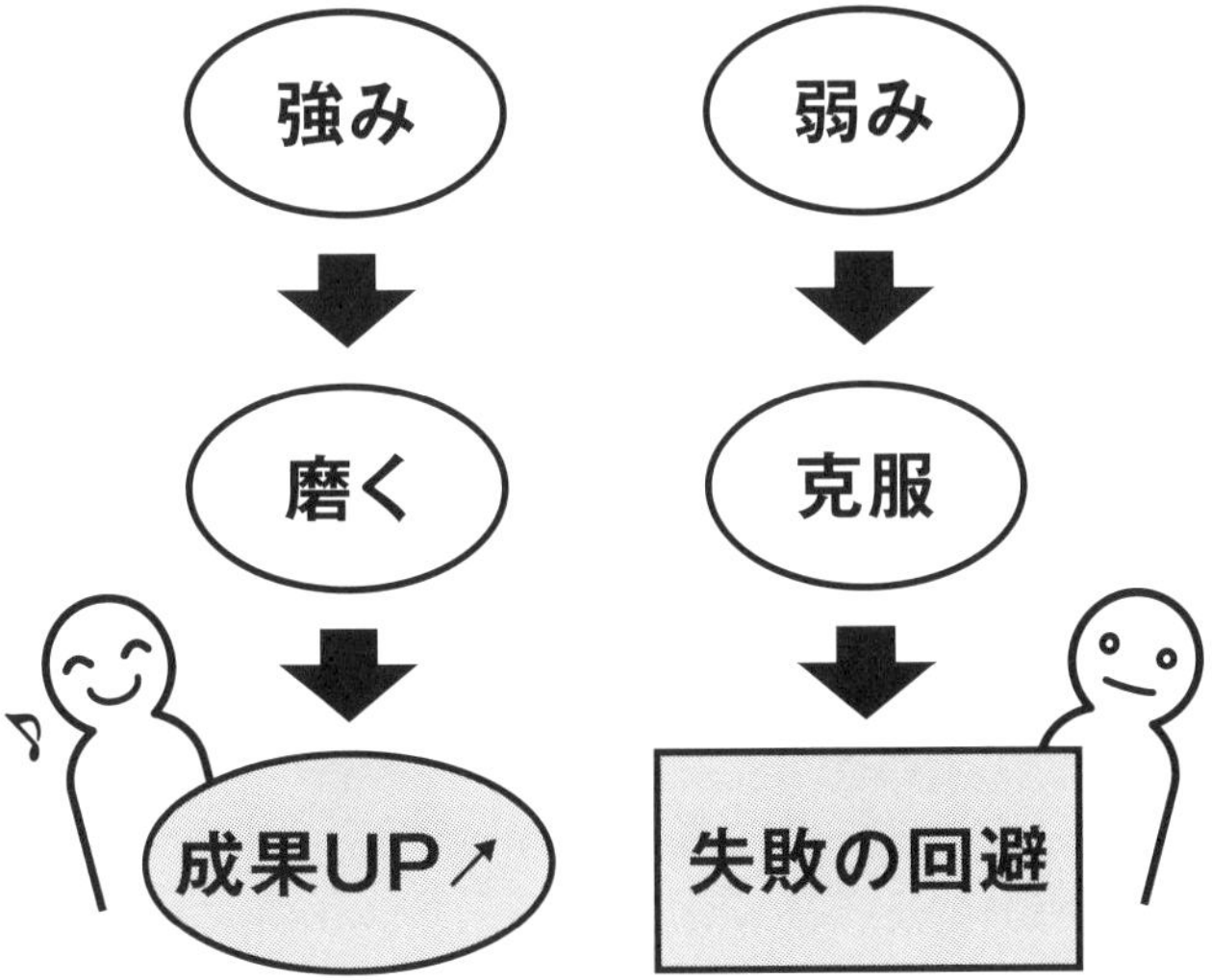

自分の強み

強みを生かすための具体的行動

強みを磨くための具体的行動

ステップ1

3

志を立てる

志は自分との約束

スタートする前に、もっと深く考える必要があります。的に矢を射るのも、しっかり照準を定めるからこそ当たるのです。当てようとしても、心が揺れていると矢は外れます。ぶれない心があり、的に集中するからこそ当たるのです。

周囲を見渡すと、勢いだけのテンションや見せ掛けだけのモチベーションで動いている人がいます。残念ながら波が激しい成果であったり、氣持ちの起伏が大きいので長続きしません。根がしっかりした土台づくりが、成功には不可欠なのです。

そのためにまず必要なのが〝志〟です。

志を辞書で引くと、「心の向かうところ」「心に目指すところ」と書かれています。志を立てる、を辞書で引くと「ある目的・信念を実現しようと決意すること」と書かれています。

志を言葉にして説明するのは難しいですが、志を立てるとは、言い換えれば**ぶれない自分軸**をつくるということ。樹木に例えればしっかりと根を張り、少々なことでは倒れない基盤をつくるということです。

この部分をすっ飛ばし、自分軸を最初にしっかりと固めないままスタートすると、仮にずーっと上りつめていったとしても、何かの拍子につまづいたり、迷いが出てしまいます。

ビジネスの世界ではよくあるのですが、時流に乗って会社がどんどん売上を伸ばしているときに、うまい話を持ちかけられてそれに乗ってしまい、会社に大損害を与えて一氣に失脚する。志をビシッと決めていないと、ついつい甘い方に流れてしまうものです。

志は行動の原点

いついかなるときも、立ち戻ることができる原点です。

私が尊敬する竹村亞希子先生（注5）は、中国最古の書「易経」に精通されている方です。

竹村先生の講座に参加し、時の流れを知り、兆しを読む勉強をしましたが、易経では「うまくいっているときほど志に返る」といいます。竹村先生の造語に「潜龍元年」という素晴らしい言葉があります。分かりやすくいえば、「原点回帰」「初心忘れるべからず」でしょうか。

ここを忘れると、人は必ずぶれます。
志とは自分との約束です。
あなたが、あなた自身に対してする約束です。
簡単に自分との約束を破る人間を、あなたは信用できますか？

志は簡単に翻《ひるがえ》るようなものではいけません。
簡単に放棄したり、取り替えたりできるような志では、あなた自身が自分を信じられなくなります。志は簡単には抜けない強いものでなければいけないのです。

確乎不抜の志

志なくして、真の成功はないのです。松下幸之助さんも、「志が立てられれば、半ば成功したも同然」と言われています。自分の中心軸が固まらないうちにスタートしては、何事もうまくはいきません。じっくり志を立てることに時間をかけるとよいでしょう。

目標は行動と意識を変える

志は「何のために」という目的に近いものとするならば、もう一方で「どこまでいくのか」という目標を立てなければいけません。

目標の立て方について、相談を受けることが数多くあります。あまり大きな目標を掲げると「絵に描いた餅」になり、現実的じゃないと思われている方がたくさんいます。

私はあえて、「大きな目標にするべきです」と言います。高校野球の指導をしている中で、様々な氣づきがあります。「ベスト8」が目標のチームは、ベスト8付近の戦いになると面白いように負けます。意識の中で「ベスト8」という枠が出来上がっているので、その辺になると固くなり勝手にミスを連発し自滅してしまうのです。

大きな目標を掲げると意識が大きく変わります。結果が思わしくない場合に、「やっぱり目標は達成されなかった」と嘆く方がいます。勝負の世界は厳しく、相手も必死になり戦います。場合によっては、掲げた目標に届かない場合もあります。

目標により意識が変わる

目標が達成したから意識が変わるのではなく、目標を追い続ける過程の中で意識は変わるのです。大きな目標を目指し努力を重ねた場合、試合直前では意識がまったく変わっているものです。

小さな目標を目指し中途半端な意識になるのではなく、大きな目標を目指し「ナンバーワン」の意識に近づいていくことをお勧めします。

意識と行動はセットとなります。ナンバーワンを目指せば、ナンバーワンの行動を取るようになってきます。

ナンバーワンの挨拶
ナンバーワンの道具の揃え方
ナンバーワンの全力疾走

目指す位置を高くすることによって、意識と行動が変わります。高い目標であればあるほど〝本氣〟や〝覚悟〟が必要なわけですから。

ふたつの目標

チームの目標を立てることも大事ですが、自分（個人）の目標を立てることも忘れてはいけません。

ある高校野球を指導したときの話です。

ひとりの選手に目標を聞くと「一年後、日本一になりたい」と答えました。私は彼に「では、そのときチームの中で君はどんな活躍をしているの？」と聞いてみました。すると彼はポカンとしてしまいました。つまりチームの目標はあるけれど、自分の具体的目標が見えていなかったのです。

そこで問いかけ方を変えてみました。

「君は来年チームが日本一になったとき、スタンドでメガホンをもって応援をしている姿でいいの？　ベンチで仲間を応援している姿で満足かい？」

「グラウンドに立って活躍したい」

と答えました。「ポジションはどこで、打順は何番？　何を強みにしてどんな活躍をするの？」私が重ねて聞くと彼は、顔を紅潮させてよどみなく答えます。具体的な問いかけをしたことによって、はじめて彼は自分の目標が具体化していったのです。

チームの目標と自分の目標。それは車の両輪。両方が明確になることで、はじめて前に向かうことができるのです。

個人のスキルアップ、レベルアップこそチーム力アップに繋がります。個人の強さを高めるためには、自分の目標をハッキリさせること。自分との闘いを設定し、勝利していく者が着実に力をつけていきます。

目標と目的は別もの

チームや個人の目標設定をすると、目標と目的がごちゃまぜになっている人がいます。言葉は似てはいますが、このふたつは別ものです。そして目的は、目標の何十倍、何百倍も大切です。

例えば、山登りであれば、頂上まで登るというのは〝**目標**〟です。でも結局その目標を達成するのは「感動したい」「自分に打ち勝ちたい」ためです。この「感動したい」「自分に打ち勝ちたい」というのが、山に登る〝**目的**〟です。

目標しか見ていないと、苦しさに直面したときに心が折れてしまいます。

しかし、「頂上にたどり着いたらこんな景色が見られるよな」「すごい感動が待っているよな」、そう思いながら登れば、その厳しい〝行程〟を楽しんで突き進むことができます。これが、目標とは別に目的を明確にする理由です。

目標を掲げるときに、チームの目標と個人の目標のふたつを考えました。目的にもふたつあります。

「自分」のための目的 「自分以外の人」のための目的

まずは自分のための目的をもつこと。どんな自分になりたいのか……「こんな自分になりたい！」願望が強ければ強いほど、厳しい今を乗り越えられるのです。今と違う自分、成長した自分になればどんな景色が見えるのだろうか。ワクワクしますよね！　最初にどんな自分の成長のためにやるのか、明確に定める必要があります。

次に自分以外の人のための目的、誰かを喜ばせようというような目的をもつことは、最も大きな原動力になります。

自分が成果を出すことにより、周囲が喜び恩恵を受けることになります。お世話になった人を喜ばせたいという氣持ちは、何倍もパワーを増大させてくれます。野球選手が厳しいランニングをしているとき、自分のためだけにと思えば足は止まります。でも、自分が活躍して「○○さんを喜ばせる！○○さんを笑顔にするぞ！」と思えば、もうひと頑張りできるものです。

自分自身への目的をもちながら
人のための目的をもつ

チームの目標と個人の目標を車の両輪に例えましたが、ふたつの目的も同じく両輪。四輪駆動でガンガン行動すれば、夢は必ず近づいてきます。

夢をあきらめない理由

自分を動かす工夫を自分でしなくてはいけません。目標と目的の具体的な設定は、自分を動かす原動力となります。

いつまでに、どのように、何のために

あなたは、どのような志・目標・目的を立てていますか？

図3　ふたつの目標

チーム目標

いつまで?

誰を喜ばせますか?

個人目標

いつまで?

何のために達成したいのか?

ステップ1 4

計画を立てる

具体的計画なくして成就なし

目標を決めたら、次にすべきことは計画です。

ある青年が「自分で経営する居酒屋を作りたい」と夢（目標）を語っていました。話しを聞いていると、オープンする日時まで決めているようでした。こだわりのある素晴らしいプランだったので、踏み込んで聞いてみました。

「お金をいつまでにどこから借りるの？　その資金をどのように配分して使

うの？」

彼は私の質問に困惑している様子でした。「お金は銀行から借りようと思っていますが、自分の貯金が○○円なので……」急にトーンダウンしたのです。夢を語ることは大事だし否定はしません。しかし、夢だけを語り行動に移さずに「夢物語」に終わる人もたくさんいます。

計画を軽く見る人がいますが、夢を叶えるために計画は欠かせません。計画の立て方ひとつで、大きく未来の成果は変わってきます。

大きな山に登ろうと思ったら、必ず準備をします。まず一緒に登る人を決め、登るルートを決めます。登るための体力も必要なのでトレーニングをします。当然、持ち物の準備もします。難易度の高い山なら色々な危険も伴うでしょう。アクシデントが起こってしまってからでは遅いので、登る前にあらゆる危険を想定して、その対処方法を考えます。

そうして初めて山にアタックします。


夢を叶えるプロセスもまったく同じです。

計画をきちんと立てないでスタートするのは、つまりはTシャツ・短パンで富士山に挑むのと同じことなんです。


現在地を知るのと同じく、計画も「心・技・体」に分けて練り上げます。

技術を磨くための計画ばかりでなく、理想の体をつくるための計画や、心を強くするための計画も必要です。どれが欠けても目標から遠ざかるので、三つを横並びに大切だと考え熟考します。


計画で必要なことは、たくさんのチェックポイントを設けることです。

いきなり終着点へたどり着くざっくりした計画ではなく、大きな目標に向かって、小さなチェックポイントをいくつも用意します。

ひとつひとつをクリアした先に、大きな目標の達成があるように、数多くのチェックポイントを設定します。私のやり方で特徴的なのは、**結果目標ではなく行動目標**にすることです。結果目標にすると、結果が出せない自分に幻滅し、軌道修正しているうちに諦めてしまうことが多いのです。行動に焦点を当てて、具体的に「何を何回」といった行動の数値目標にするとよいでしょう。

例えば、心を強くするために「ゴミを毎日拾う」ことを自分に課したとします。

でもそれだけではまだまだ曖昧《あいまい》で、せっかくスタートしても長続きはしません。

ゴミを拾うのなら、一日何個拾うのかを決めます。「一日に五個拾う」と決めたとしたら、一個拾えばあと四個になります。もう一個拾ったら残りは三個になる。そうやって数を決めることによって「やろう」という氣持ちが持続します。

個数だけではなく、「いつ行動するか」も大切です。「登下校のときに拾う」「会社に出勤するときに拾う」など、**行動するタイミングを明確に決めること**で継続できるようになります。

計画に必要なのは、多くのチェックポイントと具体的な行動の数値目標です。覚えておいてください。

チェックポイントは変更可

計画を立てても実行できずに「もうダメだ」と断念したことはないでしょょ

うか。誰にでも弱い心は潜んでいます。自分だけだと思い嫌悪感に陥り、目標を立てなくなる人もいるくらいです。

大きな目標であれば、直ぐに達成できることのほうが少ないのです。

北海道生まれの登山家、栗城史多さんは七大陸最高峰「無酸素登頂」という大きな夢に向かってチャレンジしています。平成二十四年春現在、最後のエベレストを残すだけになっています。最後に残った世界最高峰の山は、簡単に登らせてはくれません。何度もトライしては登頂失敗をしています。

彼の場合、数々の失敗から人間的に大きく成長しています。やり方を変えながら夢に向かってチャレンジし続けています。

最終的な目標は絶対に変えない

でも、途中の停留所は変えてもかまわない。そのときの自分に合わせて、行動目標を多くしたり少なくしたりしてもよいのです。大切なのは遅々としながらも前進するということです。柔軟に物事を考え、変更していくこともときには必要だと心に留めておきましょう。

遠くを見て、近くを見る

計画を立てるときは目先の計画（短期計画）ばかりではなく、遠くを見据えた計画（長期計画）も同時に行います。

二対一〇〇で戦争をするとします。

自分たちは二人しかいないという圧倒的に不利な状況です。

相手は彼ら二人に対して容赦なく爆弾を投げてきます。たくさんの爆弾が飛んでくるので二人とも必死で応戦するしかありません。このままでは自分たちは疲れ果てていずれ負けてしまいます。

そこで、二人のうち一人がもう一人に「悪いけど五分だけ時間をくれ！その間、なんとか耐えしのいで！」とお願いします。

五分間で何をするかといったら穴を掘るわけです。

五分経ったら再び二馬力で応戦します。で、また頃合いを見計らって五分間穴を掘る……。

彼は相手の陣地までトンネルを掘っているわけです。何度も何度も繰り返すと相手陣地にたどりつくことでしょう。あとは爆弾を両手一杯に抱え、近くから相手陣地に爆弾を投げ込み全滅……。

これは著書『ちょっとアホ！理論』で知られる出路雅明さん（注6）から聞いた例え話です。

この話が教えてくれるのは、目先のことをしっかりやることは当然ですが、未来に対しての行動も同時並行でやっていく必要があるということです。

今のために今やるべきこと
未来のために今からやるべきこと

遠くを見過ぎて今が疎かになっている人もいます。夢を追い続けるけど足元が揺らいでいる人です。大きな夢であればあるほど、土台がしっかりしていないと成就しません。逆に近くだけを見過ぎて、余裕がなく目一杯になっている人もいます。どちらも、バランスが悪く不安定です。

遠くと近くのバランス、ときには顔を下げて足元を見て、ときには顔を上げて遠くを見る。今の自分はバランスが取れているか、確認してみてください。

あれっ、今日はしていない……

エントモ野球塾で小・中学の野球少年を教えていますが、入塾当初は計画しても実行できないことが多くあります。目標と目的を明確にしているのに、なぜ計画どおりに実行できないのか……

忘れちゃうから

野球だけやっているのであれば忘れることはないでしょうが、学校では勉強や友だち付き合い、様々なことに心を傾けます。たくさんのことをしていると忘れてしまうのが人間です。

「紙に計画（行動）を貼り出す」

「行動する時間を決め、習慣化できるまで意識をする」

計画倒れにならないように、〝**忘れないような工夫**〟もしましょう。

ステップ1

5

腹を決める

自分で覚悟を大きくする

せっかく大いなる目標や目的を立てても、道半ばで途中下車したり、あきらめて断念してしまう人がいます。

うまくいかない人は、どうもスタートするときに腹が決まっていないことが原因のようです。

腹を決めるということは

覚悟をするということ

決めたことをやり通すためには覚悟が必要です。その覚悟を自ら増大させるというのも、うまくいくために必要なことです。

大阪に小西正行（注7）さんという方がいます。以前とび職人だった彼は、亡くなった父親の会社を引き継ぎ、それまでの業態を大きく変えて建築リフォームの会社に変身させました。彼は会社を継承したときに「五十年連続増収する会社をつくる」という目標を決めました。

五十年！　とんでもなくビッグな目標です。

決断をしたあとは覚悟の増大。覚悟を大きくするために彼が思い立ったのは「五十年増収する会社だから、五十年間自分が座れるイスを買う」ことでした。

小西さんは「五十年間座れるイス」を探しに家具屋へ行き、まだそれほど収益も上げていないのに、一脚四十万円もするイスを購入します。起業時の貴重な立ち上げ資金だったのに四十万円も出してイスを買ったのです。

この四十万円は、小西さんにとって**〝覚悟を増大するための投資〟**です。

会社は二〇一二年で起業十五年目になりますが、これまでのところ十四年連続で増収達成。小西さんは今もそのイスに座って年間四十億円以上の商いをしています。

私自身の話もしましょう。

私はＮＴＴ北海道の野球部を引退したあと、会社に勤めながら野球の講演活動をスタートしました。講演は、申請さえ出せば会社に所属していてもできるものでした。

ただ私は本氣でこの道に進みたいと決め、迷いなく会社を辞めるという選択をしたのです。

つまり、前に進むしかない状況を自らつくりました。

背水の陣

失敗したら元の世界に戻ればいいというゆるい氣持ちだと、何事もうまくいきません。周囲からかなり反対されましたが、子どもの頃から野球で培った勝負根性が中途半端を許さなかったのです。

講演活動をスタートしたときに、腹が決まっていなければ、おそらく、年間二〇〇本以上のセミナーや講演をする今の姿はないと思います。

こうと決めたら覚悟をもて。覚悟をしたら、もっとそれを大きくしろ。途中下車できない特急列車に飛び乗る人が、夢をつかみます。

丸坊主には理由《わけ》がある

何かを〝捨てる〟ということは、大きな目標に向かっていくときに必要なことです。

高校野球のチーム指導をするときに、最初に選手から目標を聞き出します。ほとんどのチームが「日本一」と言いますが、次の問いかけを必ずします。

「練習が終わり自宅に帰ってから寝るまでに何時間あるだろうか。例えば三時間あるとして、その三時間で日本一に関係のないことはしていないだろうか。もしあるとしたら、何をどのくらいの時間をかけてやっているか紙に書いてみよう」

彼らが自分の意思で書いた〝無駄なこと〟は、大抵は三つに集約されます。全国各地で問いかけますが、どこの地域でも同じような結果が得られます。（時間は平均値）

第一位　ポータブルゲーム・テレビ（一時間）
第二位　携帯メールのやり取り（三十分）
第三位　漫画の本を見る（三十分）

無駄なことであっても、楽しいし面白いからやります。でも、それが自分の夢である日本一の妨げになっていることに本人は氣づきません。日本一は普通の目標ではありません。普通じゃないことを目指しているのに、普通のことをしていては夢は遠のきます。

「日本一と言っているのに、無駄なことをたくさんやってるね。あくまでも夢を叶えるのは俺ではなく君たちである。普通じゃない夢を期間限定で目指している君たち。今のままでは覚悟をもって本氣でやっているチームには勝てないと思わないかい？」

このミーティングをした後に、例外なく選手同士で集まり本氣の話し合いをするようです。そして自分たちの甘さに氣づき、自分たちの意思で無駄なものを廃棄します。無駄を捨ててできた時間を、日本一への努力に使うようになるのです。

本氣になれば捨てられます。捨てられないうちは本氣じゃないのです。

捨てる時間は、一生じゃなくて期間限定でいい。大事なのは余計なものを捨てて、一点に集中することです。

「どうして野球選手は丸坊主にしなくちゃダメなの?」

よく聞く質問ですが、私の答えは簡単です。

本氣で野球に打ちこみたいなら、自分がやりたいことをひとつ捨てる。坊主にするということは、腹を決めるということです。

最近は「のびのび野球」なるものが流行っていて、中学校やまれに高校の野球部でも髪を伸ばしている学校を見かけますが、私は大反対です。元野球少年だったので彼らの氣持ちはよくわかります。女の子にはモテたいし、かっこつけたい年頃です。そこをあえて坊主頭にするのです。

人間誰しも制限をすると大きな力を発揮します。自分を律することでパワーを生み出すのはエントモ流の考え方です。

戦時中、旧日本軍の特攻隊は最期にみな、身なりを整え頭を丸めて、出撃しました。これこそがまさに覚悟です。覚悟をもった人間は迷いなくそうするわけです。

目の前に成し遂げたいことがあったら、余計なものを捨てて、本氣のレベルをどんどんアップさせること。**何かを手放せば、何かが得られる。**本氣になれば途中下車はできないし、しないのです。

決めてもらうか、自分で決めるか

決め方にも二種類あります。

相手に決めてもらうのと、自分で決めるというやり方です。

相手に決めてもらうというのは、つまり「やらされている」状態ですから、困難を前にすると、不平不満がたまり、つい愚痴が出ます。

「言われたとおりにやっているのに、うまくいかない」

「指導の仕方が悪いんじゃないのか」

「○○さんが悪い」

他人のせい（**他責**）にして逃げてばかりいると、本当の自分が見えなくなります。やっているのは自分、でもうまくいかないことを誰かのせいにしている。大きな矛盾が生じます。

自分で決めている人との大きな違いは、笑顔がないということ。やらされてる感覚をもっている選手たちは、暗い表情で笑顔が少ないのが特徴です。操り人形では自分の成長も感じにくく、たとえ成果を出しても真の喜びも湧き出てきません。

自分で決めるということは、自分の責任（**自責**）で決断しているわけですから、つらいこと・苦しいことがあっても、不平不満が出ることはありません。

不満があると続けることがつらくなりますが、苦しさも自分の責任と引き受ければ乗り越えられます。自分で決めることの意義はそういうところにあります。

「うまくいかなかったけど、自分に責任がある」
「もう少し自分に厳しくしよう」

「次は成功するぞ！」

すべて起きた事柄は、自分で選択し積み重ねたものが出ただけです。誰に頼まれたことじゃなく、自分が意思決定したことなのです。自分で決断する人は、前向きに考えられ失敗を糧にして前進していきます。

大きな決断ばかりではなく〝決めること〟を私たちは普段の生活の中で何氣なくやっています。

今日はあれをしよう、これをしよう。

一日が始まるときに決めたことが、夜になり振り返ると、達成できていたり、できなかったり……。よくあることですね。

でも、そうした小さな決断を破ることを「よくあること」「些細なことだ」と簡単に片づけてしまってよいものでしょうか。

先にも書きましたが、自分で決めた志・目標・目的は、自分自身に対する約束です。

約束をいつも破る人が信用できないように、自分に対する約束を平氣で破っていると無意識のうちに自分自身が信用できなくなります。

だから何氣ない小さな決断も疎《おろそ》かにしてはいけません。小さな決断を疎かにすると、大きな決断をするときも躊躇《ちゅうちょ》してしまいます。小さなことこそ、大切にするのです。

小さな決断の積み重ねが、大きな決断を生みます。
小さな決断を破る人に、大成功者はいません。

さあ、ここまでくれば「出航準備完了」です。大海を航海する準備が整いました。準備を侮ってはいけません。このステップ1の準備に時間をかける人が、最短距離を走り抜けます。

しっかり準備を整え、ぶれない心をもちながらスタート。私が携わるチーム（組織）が成果を出していく一端が見えたのではないでしょうか。

ステップ2

行動

とにかく行動あるのみ

ステップ1では、ものごとを始める前の準備の段階、決断や計画といった〈思考〉に関することが中心でした。

心を決めてから動くことは重要ですが、机の上で考えているだけでは何も起こりません。行動を繰り返し初めて形になっていきます。

自分の心を整える〝**間接的行動**〟と、目指すものへの〝**直接的行動**〟の両方を大切にしていきます。土台が軟弱であれば、積み上げるとすぐに壊れてしまいます。強固な土台があるからこそ、たくさんのものが積み上げられるのです。

「そのうち」という考え方ではなく、目の前のことを「そのとき」に全力で実践していけるかです。今の積み重ねが未来を築いていきます。

一点の曇りもなく、まずはがむしゃらに行動していきましょう。

〝今を把握しながら動いていく〟

無意識にできるまで意識して行動していきます。

1 当たり前を極める

揺るぎない自分づくりに必要なのは、「**当たり前のこと**をしっかり重ねる」こと。挨拶をする、時間を守る、ゴミを拾う。「なんだそんなの当たり前じゃん」と思うようなことを、人がマネできないぐらい極めれば、ぶれない自分に近づいていきます。

2

徹底と集中

行動に移したならば、がむしゃらに一**転集中**して取り組む。**極める**という感覚で行動を繰り返していけば、すべての事柄が好転しだす。どれもこれもじゃなく、「これ」というものに意識を集中していきます。

3

確認する

やっていますではなく、できているという境地を目指す。他人からの指摘、自分自身でのチェックが不可欠。何ができていて、何ができていないのか。簡単に**都度確認**できるように工夫をします。

4

継続する

継続こそ成功の近道。継続できる環境を整える。つらいと感じてきたら自分が成長しているとき。つらいという山を乗り越えれば自分がレベルアップし、今までと違う景色が見られる。**我慢**こそ最強の力なり。

ステップ２は、樹木に例えるなら幹を太くするステージです。

大地にしっかりと根を張り、幹を太くすれば、強風にも豪雨にも木は耐えることができます。

強い根、太い幹の木は、やがて華麗な花を咲かせ、大きな実をつけます。

行動を繰り返しながら、基礎を固めていきましょう。

ステップ2
1

当たり前を極める

全力でやる

「当たり前を全力でやる」

私が皆さんに伝えている言葉です。この言葉を聞いて「何だ、そんな簡単なことで成果が出せるのか」と思う人と、「意外に難しそう」と感じる人に分かれます。

全力とは、力を余さず出し切っている状態をいいます。この〝**出し切る**〟がキーワードになります。

ある中学校野球部で声の大きさを競う対決をしました。中学生は四十人、もちろん私はひとりです。どう考えても勝ち目がない戦いだと思いますよね。しかし、なんと、結果は私の勝ちでした。血氣盛んな中学生がなぜ私に勝てないのでしょうか。

現代の野球選手は、子どもの頃から指導者に「声を出せ」と言われ続けてきています。なので、声を切らすことの恐怖感は大きいのです。

全力の声を継続できるのか……

答えは「NO」です。全力の声は、一旦空氣を身体にため込み一氣に出し切ります。出し切った後は何も残っていないので、「補充する時間」が必要になります。

ためる　↓　出し切る　↓　ためる　↓　出し切る

私が唱える全力をしようと思えば、ためることが不可欠になります。今の選手は連続して声を出そうとしているので、必然的に小さな声になるのです。小さな声が四十人束になってかかってきても、本氣の一人には勝てません。

「ここで自分の力を発揮したい」

ピンチを切り抜けるとき、チャンスで活躍するときに誰でも思うことです。しかし、私は言います。

「普段から出し切ることをしていない選手は、肝心なときに自分の能力を出し切れない」

私の選手時代の経験、引退後、様々な選手やチームにかかわり感じることです。たかが声と思うかもしれませんが、どんな行為でも出し切る癖をつけることが大事なのです。

全力……

常に実行するとなれば、簡単ではありません。
相当の覚悟が必要なのです。

当たり前を極めるのは簡単じゃない

全力でやる大切さは理解できたことでしょう。次に「当たり前」とはなんぞや、ですよね。身体を操っている根本は、〝思考〟であり〝心〟です。揺るぎない心をつくることが、成果へとつながっていきます。ビジネスやスポーツの指導をするときに、揺るぎない自分づくりをしてもらいます。

当たり前のことをしっかり重ねること

多くの人は【直接的】な行動を中心に行います。体力をつけるために走る。ピッチングの精度を高めるために投球練習をするといった直接的な行動です。

しかし、大切なのは【間接的】な行動です。一見、「野球の成果には関係のない」「これは目標達成には結びつかないだろう」という間接的な行動が、後から成果に大きく結びついてきます。

「赤信号を渡らない」とか「靴を揃える」ということは、野球の成果をあげるためには何の役にも立ちそうにありません。ですが、成果をあげる自分づくりには、この間接的な行動がとても重要になってきます。心の強さや安定なくして成果は望めないからです。

赤信号を渡らないことが、どうして強い自分をつくることにつながるのか、と疑問に思うでしょう。

赤信号を無視する人はたくさんいます。車が来ているわけではないし、誰も見ていないから渡っちゃえと、ルールを無視して横断します。どうしてそうするのかと聞くと、「他の人もしているから」と驚いたことに堂々と答えます。

「みんながしてるからする」っていうのはすごく〝怖い考え方であり弱い考え方〟ではないでしょうか。ダメだと分かっていても、みんながそうするからする。長いものに巻かれてしまえ、の考え方です。

赤信号ひとつで大げさなと、思うかもしれません。こうした小さなことでも、みんながやるから自分もやるという「右へならえ」の発想ではいけません。他の人が渡っているときに、あえて自分は律して渡らない。そこに価値があります。

律する氣持ち、徹底する心が自分を強くしていきます。成功するためには、自分をコントロールする力が必要です。他に流される弱い心ではいけないのです。

青年海外協力隊の野球隊員としてウガンダに渡った小田島裕一さん（注8）は、ウガンダの少年たちに「時を守り、場を清め、礼を正す」という三つの当たり前を徹底して伝えました。

小田島さんが行く前は、「自分さえよければいい」という考えで夢もなく適当に過ごしていました。その彼らが、わずか半年という短い時間で劇的に変化を遂げたのです。

私はそれを聞いて、いてもたってもいられなくなり、ウガンダに飛びました。

現地に行き、その光景を目の当たりにした私は「今の日本こそ彼らから学ぶべき」と思い立ち、ついには彼らを北海道に招き大規模な国際交流をしました。

その結果生まれたのが十カ条の〈当たり前基準〉です。詳しくは拙著『日本を救う!!当たり前基準』を読んでいただければと思いますが、ここでは三原則について深く話していきます。

時を守る

時間を守れる人は、相手のことを尊重できる人。

時間に遅れて相手を待たせることは、相手の貴重な時間を奪うことです。どんな関係においても、待たせる行為は許されるものではありません。夫婦だから、親子だから、近しい間柄だから、ルーズでもいいと考えるのは間違いです。

時間にルーズな人に問いかけます……

「あなたは天皇陛下とお約束をしているとします。時間に遅れますか?」

非現実的で極端な質問ですが、天皇陛下を待たせる人はいないでしょう。きっちり時間管理し、お約束時間のかなり前に到着するはずです。
○○さんには少し遅れてもいいけど、○○さんとの約束は守る。これでは心の強い人にはなれません。身近な関係であるほど、しっかり時間を守れる人になりたいものです。
時間を守るということは、夢を叶えるプロセスと基本的には同じです。

例えば朝八時に学校に行くとします。登校時間を決めたら、そこから逆算して起きる時刻を決めます。六時半に起き、食事は何時までに食べて、何分で歯を磨き身支度をし、何時何分のバスに乗ろう……といった一連の流れが決まります。

つまり「行動計画」を立てているのです。毎朝のことに対し計画といえば大げさかもしれませんが、八時に学校に行くと決めているから八時に行けるのであって、八時に行くと決めたからこそ行動が決まります。

夢を叶える原理原則も一緒。

私はよく高校野球の指導をするとき、「君たちは時間が守れますか？」と問いかけます。

「守れない」「守る自信がない」という選手がいます。

甲子園へ行きたければ、まず時間を守ることを厳しく伝えます。**時間が守れない人は、計画を立てられない人であり自分に対して甘い人です。**これではいくら技術力があっても、成果を出せる選手には近づいていきません。

野球だけやっていればといいと思いがちですが、時間を軽く見てはいけない。最終到達点に向けて、計画を練り、着実に歩んでいくタイムマネジメントこそ、成功の近道なのです。時間を軽く考えずに、どんなときでも守り抜く氣概を持ちましょう。

学生のときに先生から「〇分前、行動開始。〇分前、行動完了」と言われた記憶はありませんか。ぎりぎりに慌ただしく動いていると、心の中で波風が立ち余裕がなくなります。忘れ物をしたり、大切なことを忘れることもあります。早め早めの行動は時間遵守の鉄則です。

五分、十分前には行動を完了し、相手を清んだ心で待ちたいものです。

場を清める

ゴミを拾うことは「氣づき力」を養います。

野球で活躍するためには、**〝氣づき力〟**は絶対に必要です。監督から言われたとおりにだけ動いていても成果は出ません。自らの意思で身体を動かし、氣づいていくことが大切です。

野球部全員で拾っているから仕方がなく嫌々やっているという人もいます。マイナス感情で行動していれば、氣づく力も付きにくいものです。積極的に拾うというプラス感情で行動していると、普段見えないゴミにも反応したりします。
せっかくのごみ拾いタイムなのに、心が整う人とそうじゃない人の濃淡が出たりします。もったいないですよね。どうせやるなら、自ら積極的にひとつでも多くのゴミを拾う氣持ちでやりたいものです。

「ゴミ拾いが良いことである」、誰もが理解していますが行動に移すとなれば躊躇《ちゅうちょ》します。ゴミに氣がついたとき、人は次のふたつの行動を取ります。

「拾う」もしくは「拾わない」どちらかです。

ゴミが拾えない人は、拾う前にゴミ箱を探します。ゴミ箱が視界になければゴミを拾うのをやめたりします。

ゴミを拾う習慣がある人は、ゴミ箱を探す前にパッと拾います。それからゴミ箱を探すものです。

私が主催している「エントモ親塾」（注9）では、自分の心を磨くために拾うということと、次世代の子どもたちの見本になるという観点で参加者の皆様が継続されています。

どうしたらスムーズに迷うことなく拾えるのか……

「ゴミ袋を常にポケットへ入れておく」。親塾に参加された方の素晴らしいアイディアです。拾ってゴミ袋に入れ、たまったらゴミ箱へ捨てるのです。

あるスポーツ選手から相談を受けました。

「いつも緊張して本番で力が出せません。次の試合は一週間後ですが、何をしたらいいですか?」

野球以外のスポーツだったので、技術的な話しはできません。その選手に、毎日のゴミ拾いを提案しました。

「一週間ゴミ袋を持参して、とにかくゴミを拾ってくださいね」

何か心を強くする秘策が聞けると思ったのでしょう。「えっ?」という顔をして聞いています。

今までしたことのないゴミ拾いをすることにより、色々な感情になります。ゴミ拾いをしているときは、一心不乱に集中してゴミを探します。今まで見えなかったゴミが見えてきます。拾うことにより、清々しい氣持ちになり心が整ってきます。

試合前は誰でも、不安になるものです。失敗したら……、負けたらどうしよう……、どうしてもマイナスの結果が頭をよぎります。マイナスの感情を抱きながら数日を過ごすより、ひとつのことを集中してやり切る。

心の安定は、成果を生み出すには絶対に必要です。一週間の本氣のゴミ拾いは、ぶれない自分をつくり上げていったのです。結果は今まで以上の成績をおさめ、自分の殻を打ち破ったと報告してくれました。

ゴミ拾いは、氣づく力を養うといいましたが、易経の竹村先生は講座の中でいわれます。

「大きな石にはつまずかないはずです。避けたり飛び越えたりしますよね。でも、小さい石にはつまずくものです。畳の小さな段差など、足を取られたりしますよね。この小さいことが見えるかどうか、小さいことに氣づけるかどうか……」

小さなことに真理が隠されていることが多い。小さなことだと軽んじてはいけません。人は階段を上るときに、一段抜かし二段抜かしはできますが、十段二十段は飛び越えられません。やはり小さなことの積み重ねが、大きなことを成就させていきます。

小さなことを疎かにする人は、大きなことも見えなくなるのです。ゴミ拾いは、小さなことに氣づける自分づくりには最適かもしれません。たかがゴミ拾い、されどゴミ拾いですね。

場を清めるということは、いらないものを捨てるということと、乱雑になっているものを正すという意味もあります。

自分が使う道具を丁寧《ていねい》に扱っているでしょうか。

私の指導方法は少し変わっていて、「**書き留める野球教室**」にしています。

野球の技術指導は次から次へと移りゆくものです。指導する立場であれば、たくさんの事柄を教えたくなるのも分かります。しかし、選手の立場から考えると、一度にたくさんのことは覚えられないものです。

指導が終わった後に、「あれ、今日何教わっただろうか」ということもしばしばです。私の野球教室は、必ずノートを持ってきてもらいます。指導の合間に「書く時間」を設けて、自分の野球ノートをつくっていきます。文字にしておくと、後日、自分でやる練習の前に、ノートを見てポイントを意識することができます。

終わった後に反省も大切ですが、もっと大切なのは〝**課題や意識することをやる前に明確にする**〟ことです。漠然と練習するより、コツを思い出しながら意識してやれば短時間で成長がみこめます。

「自分で感じたことやコツをノートに書いてください」

選手は、自分の言葉で自由に書きます。そしてまた動くときに、ノートを置くのですがこの「置き方」が大切です。個人で持っていているノートなので大きさも形もバラバラです。選手なりに規則正しく並べますが、私からみるとかなり不十分な形で並べられています。

「誰が見ても素晴らしいと思えるノートの並べ方をしてください」

選手はノートの開く方向を同じにしたり、工夫して置きます。私からすると、まだ不十分です。

「ノートの大きさはバラバラだよね。でも、置くときにノートの上を揃えるときれいに見えるよ。一直線のラインになり、統一感があるよね」

あるチームでは、ノートを色別に置いたこともあります。そこまでやるかの精神で、氣づくかどうかです。乱雑に置くのか、そっと置くのか。ここにも道具に対する思いが、自然に表れます。

道具に対して感謝の氣持ちをもつ人は、更なるステップへと進んでいきます。自分が道具に生かされているという自覚があるのでしょう。料理人であれば包丁、大工さんならカンナ。美容師さんのハサミ。自分の身体の一部でもある道具を粗末にする人は、真の一流にはなれないのです。

清めるということは整えるということ

ゴミ拾いだけじゃなく、様々なものを整える意識も大事です。

小田島さんが指導したウガンダの野球少年たちを北海道に招いたときのエピソードです。

ウガンダの少年と一緒に温泉の大きなお風呂に入りました。ウガンダではお風呂に入る習慣はないので、同行していた小田島さんがルールを教えました。身体を洗ってから湯船に浸かるとか、タオルは湯船に入れないとか一般的な入浴のルールです。

選手たちは初めてのお風呂を堪能し満足したようでした。お風呂からあがるときに、彼らは驚きの行動を取り始めました。

全員で洗い場に戻り、桶やイスをきっちり並べ始めたのです。自分たち以外の日本人客が、使ったままにしていたものを並べていました。今、どこの温泉やスーパー銭湯に行っても、大概はめちゃくちゃです。桶は水が入ったまま。ひどいのになると石けんの泡まで残っている。「自分さえよければ」という残念な人たちです。

立つ鳥、跡を濁さず

「立ち去る者は、きれいに後始末をする」「引き際が潔く、きれいなこと」という意味です。次の人のためにという配慮を、ウガンダの少年から改めて教えられました。日本人がもともとあった美意識、忘れてはいけないです。

場を「清める」「揃える」ということは、心を「清める」「揃える（整える）」ということです。

礼を正す

全国各地に足を運ぶと、挨拶ができない大人に会うことも多いです。地位名誉があればあるほど、「君から」と思うようです。野球部の先輩後輩でも同じことがいえます。先輩は「後輩から」と思い、本来の挨拶の意味から大きく外れているのです。

挨拶とは
お互いの心の扉を開くもの

素敵な挨拶をすると、相手は清々しい氣持ちになり、自分自身も心地良くなります。

嫌々する挨拶、強要する挨拶は、お互いが氣分を害し挨拶のプラスの効果を大きく半減させます。心を閉ざしたままの挨拶、形式的で心がこもっていない挨拶は寂しいものです。

まずは、自分から心の扉を全開にして挨拶をしましょう。

相手がする・しないを氣にしても始まりません。お互いが心地良い空氣は偶然できるものではなく、自分から率先してつくるものです。素敵な挨拶を繰り返ししていると、自分の心が整ってきます。自分から発信するという氣持ちが大切です。

挨拶ができないチームや組織に対し、そもそもの〝意味〟も説きますが「ルールづくり」もします。

「素敵な挨拶をしよう」では抽象的過ぎてマンネリになっていきます。最初はよかったのに、徐々に惰性の挨拶に変化してきます。
私が推奨する挨拶のルールは次のとおりです。

①立ち止まる
②つま先を相手に向ける
③相手の目を見る
④挨拶の末尾あたりに頭を下げだす

目安があれば確認ができます。挨拶が浸透していない組織は、「掲げっぱなし」になっていることが多いです。掲げているけど、確認行為をまったくしていないチームがたくさんあります。チームとして取り組むならば、選手同士で、高め合うことは大事です。

指導者や目上の人が言えば、**【指示】**になりますが選手同士であれば**【指摘】**になります。愛情ある指摘を心がけましょう。

目安をつくっても、マンネリになりやすいのが挨拶。そこでマンネリにならない秘訣を紹介します。

挨拶の前に、〇〇をつける！

以前、中学生への講演会で言いました。「挨拶の前に何かつけて、最高の挨拶を心がけよう。例えば、相手が笑顔になる挨拶……自分だったらどんな感じでやる？」

その中学生は少し悩みました。何かひらめいたらしく、「今からエントモさんに挨拶しますね。いいですか～」ニコニコしています。

「エントモさん、今日はかっこいい眉毛ですね!! おはようございます♪」

思わず笑ってしまいました。彼は、私を一度ほめてから挨拶をしたのです。相手を笑顔にさせるための先制攻撃です。中学生の柔軟な発想に驚いたものです。相手が笑顔になる挨拶、氣合いが入る挨拶、元氣になる挨拶……

月ごとにテーマを変えていくのもマンネリにならない工夫です。
「あのチーム（会社）の選手（社員）、挨拶がすごいんだよな！」
「○○さんといえば、挨拶が素敵だよね！」

平凡で普通の挨拶では、相手の印象に残りません。どうせやるなら「**そこまでやるか**」のレベルで高めていきたいものです。

礼を正すといえば、何も人と人とで交わす挨拶だけではありません。野球選手であればグラウンドに対しての一礼もそうです。チームメイトがしているから、自分もなんとなくするのではダメです。これから使うグラウンドに対して、『よろしくお願いします』。使わせていただいたグラウンドに対して、『ありがとうございます』。形式だけじゃなく、どんな氣持ちでやるのかも大事です。

講演会で話すとき、舞台に国旗があれば必ず一礼します。会場を後にするときでも同じです。敬意を表したり、けじめの一礼は大切です。

小田島さんがウガンダで実践した「三原則」について詳しくふれてきましたが、自分に照らし合わせて考えてみましょう。時を守り、場を清め、礼を正す、の三つを本氣で取り組めば人生は大きく変化していきます。

心が整うことにより、直接的行動の質も上がっていきます。

当たり前の実践は、ただやるのではなく、素晴らしいといわれるレベルまで本氣で行動できるかが大切です。当たり前を突きつめていく意味、分かってもらえたでしょうか。

あなたは、時間を守れていますか？

あなたは、整理整頓、ゴミ拾い、何かをしっかり揃えていますか？

あなたは、すべてのことに礼を尽くせていますか？

図4　自分磨きのために

あなたが、毎月重ねている当たり前の行動を書きましょう。

ステップ2

2

徹底と集中

がむしゃら

当たり前のことを積み重ねると、心が整い発揮できる人になります。しかし、すぐに効果を求めるのが人間です。せっかく始めた行動を、効果がないから途中でやめようとする人がいます。

ここまでやったから全員が身についたということはありません。身につく時間は、それぞれによって異なります。心が整うまでに、相当の時間がかかると思っていたほうがよいでしょう。

「流汗悟道」

流汗悟道とは、読んで字のごとく「汗」を「流」して本氣で物事に打ちこめば、おのずと「道」を「悟」る、ということです。道を悟るために汗をかくのです。私の大好きな言葉のひとつです。

若い頃は格闘家として、引退後はトレーナーとして活躍されている須田達史さん（注10）は、自身の格闘人生の経験から、がむしゃらにやる大切さを説いています。

やる前に、「これはしよう」「これは意味がないな」「これもやめておこう」と行動の選択をするのですが、人は楽な選択を無意識にしていきます。

行動する前に意味を考えることも大切ですが、考え過ぎることで逆にマイナスとなることがあるので注意が必要です。

学力の高いチームに多い傾向ですが、効果や効率を求め過ぎて動けなくなることがありました。選手だけのミーティングで、「これは効果がなさそうなのでやめよう」「あの練習は効率が悪いからしない」終わってみると楽な練習しか残らないなんてことは、よくあることなのです。身体を動かす前に、自分にとって楽な仕分けをしてしまうのが選手です。

「やらないうちに判断する無駄と、一度がむしゃらにやってみて氣づく無駄はまったく違う。やってみないと分からないこともある。苦しいことに自ら挑戦し、がむしゃらにやったことで『強い心』は必ず手に入るものだ」

須田さんの話しはいつも真理をついています。中途半端な氣持ちでやれば無駄な行動となることもあるでしょうが、本氣でやればすべて自分にとって、何らかのプラスになるのです。

極まれば変ずる

コップに水が溜まっていくのをイメージしてみてください。蛇口から一滴ずつ落ちたとしても、確実に水は増えていきます。時間が経てば水は満杯になり、コップからしたたり落ちます。

講演などで「人間力」を説明するときに、コップの水で例えます。水を〝積み重ね〟と置き換えてください。器があり、行動を積み重ねていくとある一定量で満杯になります。すると、先程より少し大きめの器が出てくるとします。また最初から積み重ねて満杯への道をたどっていきます……。

コップが徐々に大きくなっていく様を、人間力の向上と置き換えて話します。

満杯になる前に、次のコップにいったりやめたりしてはいけません。途中でやめたり変えたりすれば、また同じ大きさのコップからやり直しで、一向に器が大きくなりません。ここで厄介なのは、実際にはコップの大きさが目に見えず「どこまで溜まっているか」わかりずらいのです。それでも満杯になり、極め変ずることを期待しながら、コツコツ続けていきます。

コップが大きくなった瞬間がわかるのか……

私はわかると思います。積み重ねていると今までの自分じゃないことに氣づくシーンはたくさんあります。

マイナスな出来事があればマイナス

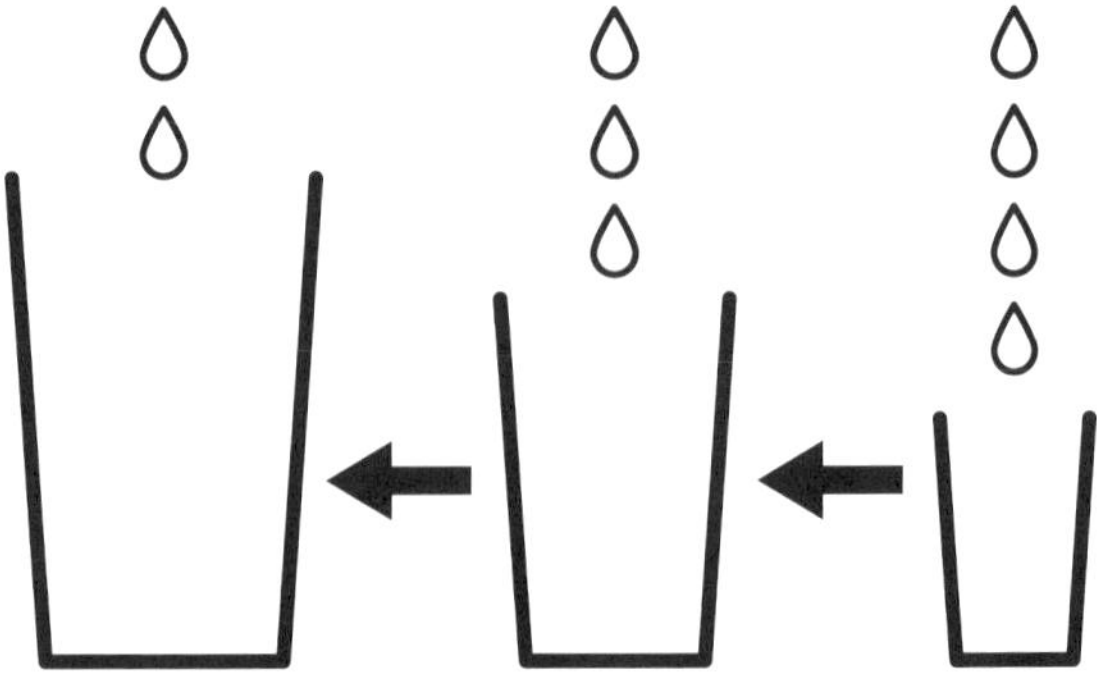

にとらえていたのに、あるときから「プラス受信」ができるようになったとか、もうダメだと言っていた自分が、次はできると言っているとか。

小さな事柄も見逃しがちですが、大きな事柄であればあるほど氣づかないこともあります。

私は、数年前はマイナスの言葉を発する人たちがまわりにたくさんいましたが、今はプラスの言葉を発する人たちばかりとお付き合いしています。周囲の人たちが変わったのではなく、自分が変わったことにより付き合う相手も次第に変わっていったのです。

自分の器が大きくなっていくのを感じつつ、徹底してがむしゃらにやる。行動に移したからには、迷いや戸惑いは禁物なのです。

徹底すると相乗効果が

「なかなか勝てないのですが、どこに問題があるのでしょうか」

そういうチームに限って「普段の当たり前」を徹底していません。道具を大切にするというチームの決め事があるのに、バットの置き方、靴や鞄の揃え方が徹底されていなく乱雑に扱っていたりしています。

「ある程度はやっているけど、徹底はされていない」

足元に勝てない理由が落ちています。勝ち負けが決するスポーツは「徹底できているかどうか」が勝敗を左右します。当たり前を大切に思えるかどうかが、分岐点なのです。

ひとつを徹底すると、すべてが好転していくという面白い現象がありま
す。

「靴を揃える」ということを徹底してやっていれば、野球をしているときだけじゃなく普段の生活でも氣になります。学校の下駄箱の靴が揃ってなければ揃えたくなる。自宅の玄関では自分以外の靴も並べなくては氣がすまなくなる。机も乱雑であれば整理したくなるし、鉛筆の芯も尖ってないと氣にな
る……。

揃っているかどうか

靴を揃えることを徹底すれば、「揃える」という力が強化されるのです。
徹底すると、相乗効果が生まれます。
ひとつの行為を侮ることなかれですね。

一点集中

勝負の世界で勝つということは、容易ではありません。相手も勝とうと必死で戦っているので、中途半端だと返り討ちにあってしまいます。

弱者が強者に勝つためには、**徹底**という二文字がキーワードとなります。チームが決めたやるべきこと、各々が自分で決めたことを徹底してやりきれるかが大事です。試合中に起こる目の前の小さな「負」に振り回されてぶれてはいけません。全選手の徹底こそ、勝利への突破口につながっていきます。

私は、〝徹底力〟を次の表現を使い説いています。

「目の前に巨大なダムがあるとする。大きなダムの壁を、それぞれが突いてもビクともしない。しかし、全員がある一点を突いたならば、小さな穴が開きそこから水が漏れ出す。いったん漏れたら小さな穴が徐々に大きくなり、大きな突破口になっていくものだ」

私が唱える「弱者の戦い」の基本となる考え方です。実際にダムの壁に穴を開けることはできませんが、分かりやすい表現として使っています。相手がいる勝負の世界では、自分たちがされたくないことを徹底されると嫌なものです。

徹底すれば相手も嫌がりますが、自分の心も変わってきます。一点集中し行っている動きは、成果を出すものです。成果を出すためには、分散より集中なのです

徹底＝集中

うまくいかないときの自分を振り返ると、徹底し切れていないことに氣づくことでしょう。すべての問題は自分の中にあるのです。

「試合中、集中できていない自分がいます。集中するための方法を教えてください」

守っていて失策するときは、集中できていないことが多い。凡打をしたときは、その一球だけ集中できていなかった……なんてことは私の経験でもあります。集中するために、いくつかの条件を整えてやる必要があります。

身体をどう動かすか

何を考えるのか

準備力が集中力を高めます。具体的に何をどのようにと頭の整理ができていれば、身体は自然に動きやすくなります。

このとき、身体を動かすイメージを描きますが「結果」を考え過ぎると心の片隅に「でも、失敗したら」が浮かびます。成功の結果だけを考えようとしても、表裏一体なので失敗のイメージをどうしても考える人もいます。慣れてくればプラスの成果だけを考えられますが、最初は「結果」を考えないようにして行動に意識を集中するとよいでしょう。

どう動くかだけを考える

心や頭の整理だけでなく、身体も集中モードへ突入する必要があります。

深く呼吸をする

呼吸が乱れていれば、集中には程遠い状態になります。浅く速い呼吸ではなく、深くゆっくりな〝鼻から吸って口から吐き出す〟腹式呼吸がベストです。

一点をじっと見つめる

松井秀喜選手が、打席内で構える直前にバットの一点を見つめる動作は有名です。どこか一点を見つめると、集中モードに突入できます。

徹底と集中によって、今までにない自分と出会えるはずです。成果に直結する大切な考え方です。知っているという段階で止まることなく、実践していきましょう。

ステップ2

3

確認をする

つもり病

行動を積み重ねていく中で注意しなければいけないのは、ステップ1でも触れましたが「やっているつもり」「できているつもり」になることです。これを私は「つもり病」と言っていますが、一番厄介な病氣です。本人はできていると錯覚しているので、それでよしとして正そうとしないからです。

がんばっていることとできていることは違う

がんばってやるのは誰でも一緒です。そこを評価するのではなく、できているかどうかを確認することが大切です。

「うちのチームはきっちり全力疾走をしています」

指導者の方が、こう言われるチームに限ってできていないことが多いです。毎日やっていると基準が下がり、言葉だけが先行するようになるからです。

チーム指導で行く私は、毎日彼らと接しているわけではありませんので、できているかできていないかを、客観的に冷静に判断することができます。

「百点満点ができているとすれば、今日の走りは八十点です」

行動を繰り返すときに、確認行為はとても大切になります。私は、ハッキリと現状を言います。「結構できていますね」という社交辞令的なことは一切言いません。確認行為の大切さを知っているので、オブラートに包まずに本当のことを指導者や選手に言います。

言われるほうはできているつもりだったので、一瞬がっくりします。しかしそこから再びスイッチオン状態に変わります。

大切なことは本当のことや苦言を呈する人を遠ざけないことです。成功者には必ずと言っていいほど、道を正してくれる師がいます。師は自分に都合のよいことばかりは言ってくれません。ときには本当のこと、厳しいことを言ってくれるのです。

師を遠ざけない

とりわけ私は、指導者の方々にとっては本当のことを本氣で言う「ちょっと煙たい人」かもしれません。

自分で自分をチェック

「やってます」ではお話しになりません。「できている」境地を目指します。他者から指摘されて氣づくこともあるでしょうが、まずは日々、自分で自分の行動を顧みる必要があります。

では、確認についてもう少し深めていきましょう。

確認には二種類あります。

①過去をみる
②未来をみる

確認は行動を促す行為です。疎かにしてはいけません。

過去の確認は、夜に行います。エントモ野球塾では、寝る前に一日の自分を振り返ることを日課としています。

今日の自分は何点なのか……数値化するとわかりやすいです。付けた点数には必ず理由があります。八十点ならば、八十点なりの理由があるのです。理由を明確にしなければ、正す行動にまで行き着きません。

「今日のランニングの練習で、後半に抜いてしまったから八十点」

一日を振り返ることとは、自分の未来を大きく変えていきます。寝る前の数分でできることを怠ってはいけません。毎日のチェックを習慣にしましょう。

あらかじめ自分が大切に思っていること（確認したいこと）をチェックシートに入れ込み、数値化しコメントを入れるのがよいでしょう。

一日を振り返ることも重要ですが、未来を確認していくことも同じくらい重要になります。過去は振り返るけど、未来に対して鈍感な人は多いです。

会社の朝礼で「今日の重点項目」について話す会社もあると思います。

「○○と△△に氣をつけ、しっかりやっていきましょう」

スタート時に重点項目を意識することは、成果を出すために必要になります。しかし、会社（団体）としてはやっているのに〝個人〟では、ほとんどの人がやっていないようです。

朝起きて、一日が始まるときに「今日はこれとこれを意識してやる」といった確認をするべきです。スタート時に決めておくと、終了時（夜）にできたかできないかを確認することができます。

できていれば自信につながり、できていなければ修正していけばいいのです。

重点項目の決め方は、欲張ってはいけません。人間はふたつのことを同時に考えられない習性があります。いくつも項目を設けたいと思いますが、複数にすると「忘れる」ということが起きてしまいます。

ひとつのことだけに集中

これが成果をあげるポイントになります。

最重点項目としてひとつだけ決めるとよいでしょう。習慣化し、意識しなくてもできるようになれば、次の重点項目に変えていけばいいのです。

無意識にできるまで意識する

無意識に行える行動を徐々に増やしていくことです。自分に対して課題を設け、毎日を積み重ねてみてください。今と違った自分に出会えるはずです。

一日の確認も大切ですが、未来と今の「現時点での差」を定期的に確認する必要もあります。

「俺の理想は……だ。今の状態は……である。登山であれば○合目地点かな」

毎日慌ただしく行動し、今だけを見ていると現在地を見失うものです。未来の理想を考えながら、今の状態を照らし合わせ「どこまできているのか」を確認するとよいでしょう。

確認行為こそ、成功の近道

高校野球の指導者に、加賀谷実さん（注11）という熱血な先生がいます。私が全国で行なっている野球指導者への勉強会「秘密塾」にも参加してくれた方です。

チームに同行する機会がありました。マイクロバスで試合会場まで行く車中、「確認」をしていたのです。

選手リーダーがマイクを持ち「今からセオリーをやります」と始めました。細かく様々な事例を出し「この場合はどうするか」という問題をチームメイトに投げかけます。選手は、迷いなく全員が答えられています。試合に出ている選手、出ていない選手、ともに完璧に答えていたのです。

私は今まで見たことがありませんでした。

「監督、どうして全員が即座に答えられるのでしょうか?」

「エントモさん、じつは、エントモテストを雨天のときや事あるごとにやっているのです。そしてこういった移動中も選手同士でやっているので、全員が完璧に頭の中に知識が入っているのです」

加賀谷監督が私の秘密塾講座の内容を、選手へ還元し、伝えるだけじゃなく浸透するようにテスト方式で刷り込んでいったのです。

選手にとって聞くことはインプットです。テストで自ら答えを紙に書くことはアウトプットです。自分の脳の記憶データにしっかりと格納するために、テスト形式は有効なのです。

「野球って感覚や調子が大事では」と思い込んでいる人は多いと思います。感覚や調子も大事ですが、それ以上に頭に知識が入っていることが重要です。

知識があると無意識に身体が動いてくれる

加賀谷監督が指導している選手を見ると、高校生にありがちな平凡なミスは極端に少ないのです。野球は感覚（右脳）だけではパフォーマンスの限界があります。意識（左脳）もしっかり働かせ、動きの質を向上させていくとよいでしょう。

確認行為こそ、成功の近道です。動ける人になれるよう様々な確認の方法があるのです。

確認をしやすいような工夫

確認は時折やる特別な行為ではなく、まめにしていく行為です。野球の技術的なセオリーであれば、複雑なので手間はかかります。しかし、チームルールや個人のルールは簡潔にまとめているはずです。

何度もする確認ですから、簡単にチェックできる形にすることが大事です。複雑だと面倒になり、ついにはやらなくなることは目に見えています。

いつ確認するか決める

ドラッカーに精通し「実践するドラッカー」シリーズを書いている佐藤等先生（注12）は、フィードバック分析の重要性を説かれています。

やると決めた行動と、実際にした行動の差はどのくらいあるのか。行動計画を定期的に見直すことも成功には不可欠ですが、フィードバック分析をしなければ修正すらできません。

毎日○○時、一日の行動を確認する
毎週○曜日何時、全体像を確認する
毎月○日何時、志・目標・目的の確認をする

ちょっとの時間でできる確認を面倒だと思い軽視するか……。それとも成功するためには必要だと思い、こまめにやるかは自分が決めることです。

書き出すと「ハッと」氣づくことが多くあります。書いた紙は未来に残ります。書いた紙を時系列に並べれば、自分の成長も感じます。

監督と選手の間で「交換日記」をするチームがあります。書くことで今の自分を知り、考えていることもハッキリしてきます。日記の中で「ここまではできている」「ここが課題だ」など、今を確認できます。

野球チームではやっている交換日記ですが、ビジネスではほとんどやっていません。

伝えたいことを確認する
思っている心の中をお互いが確認する

面と向かっては言えないことも、文字にすると書けたりします。

ビジネスの世界でも、交換日記が流行るといいなと思っています。

ステップ2

4

継続する

行動の意味

「せっかく始めたのに続かない。どうしたら続けられるのでしょうか？」

こんな相談をよく受けます。

ものごとが続かない理由は、そもそも「しようと思っていない」というのが一番にあげられます。「本氣でやろう」と思っていない。結局、最初に決めきっていないのです。

もし続かない、続けられないとあなたが思ったとしたら、原点に立ち返ってみましょう。

どこまでいきたいですか？

何のためにやるのですか？

やると決めた行動は、目標と目的に合致しているでしょうか。直接的と間接的行動の違いはあるでしょうが、的外れな行動では継続できません。

ある高校野球児が言いました。

「野球は瞬発力のスポーツですよね。だったら練習で長い距離を走るなんて意味ないですよね。冬のチーム練習で長距離ばかり走ります。陸上部みたいにタイム計測して、遅かったらやり直しをするのです！」

不平不満でいっぱいのようです。確かに野球というスポーツは瞬発力が重要です。投げるとき、打つとき、走るとき、ためた力を一氣に放出するスポーツです。彼の問いに対し、逆に問いかけました。

「君の目標は何？」

「甲子園で優勝することです！」

「そのとき、自分はどうしている？　アルプススタンドで応援かい？」

「いえいえ、自分がグラウンドに立って活躍します！」

「自分が活躍してチームが全国優勝するためには、何が必要だと思う？」

「れ、練習です」

私の問いかけに対し、彼は答えにつまってしまいました。夏の甲子園大会に進むには、まず地区大会で七～八戦勝ち上がらなければなりません。大会後半は連戦に続く連戦です。甲子園に行ったら決勝までに五～六戦あります。真夏の甲子園は暑く、パフォーマンスを維持するためには絶対的な体力が不可欠です。

「もし一試合だけ活躍したいのなら、長い距離を走りこむ必要はないかもしれない。短いダッシュを何回も繰り返しやればいい。でも、君が目指しているのは、自分が活躍しての日本一だろう。どんなときでも能力を発揮できるスタミナと、厳しいときにもうひとがんばりできる強い精神力は必要だよ」

翌日から、彼は毎朝、自主的に走り始めました。自分に必要だと理解した瞬間に、継続率はアップしたのです。

どの競技も厳しいトレーニングをして心身共に鍛えて試合に臨みますが、体のスタミナだけを考える傾向があります。心のスタミナなくして試合での安定的活躍は難しいのです。

継続すると、心が強くなり発揮能力が一層増していきます。続けることが自分にとってプラスになることを、しっかり心に留めておきましょう。

継続できる環境を整える

「今日はやめとこうかな」

「筋肉痛だから明日にしよう」

誰でもつらいときに弱い心が頭をもたげます。やらない理由を考えたらいくらでも思い浮かびます。

「また継続できなかった。自分ってダメな人間だ」と落ち込んだことはないでしょうか。「続かないお前は氣合いが足りないのだ！　氣合いを入れろ‼」と選手を怒っている監督を見かけますが、本当にそうなのでしょうか。


続けるためには、続ける条件を整えていくことが大事です。

今の行動パターンを知り、減らしたい行動と増やしたい行動、時間の使い方を考えることは大切な要素となります。

ゆったり、じっくりやる時間の確保

時間は引き算です。すべての人が同じだけもっている一日二十四時間を、どのように使うのかが未来の成果を決めていきます。

私がエントモ野球塾をしている理由は、「継続できる人」を数多く世に輩出したいという思いがあります。それぞれがもっている「甲子園でプレーしたい」「プロ野球選手になりたい」という目標を叶えてあげたいと思いますが、野球を通して続けられる人をつくるという私の中で最大のミッションなのです。

エントモ野球塾で推奨している「継続率がアップする方法」は次の通りです。

①思う

何のためにやっているのかを明確にします。塾に来たときに「目標は何だっけ」と問いかけます。プロ野球選手になりたいという目標であれば、「あと何年ある？」と時間を意識させます。家庭の中でもお父さんお母さんが「将来、どうなりたい？」という夢の問いかけを多くします。

②書く

チェックシートがあり、行動したらすぐに書くというルールがあります。

月二回の塾で私がノートを確認し「おっ、すごいね！　続いているじゃないか‼」短時間の会話でも、できていればほめます。継続できていない人に対しては、「えー！　どうしてできなかった？」と問いかけ、深く掘り下げていきます。ちょっとした継続のコツも伝えますが「残念だなぁ……」とガックリします。

「かっこいいところ見てみたいね」と最後に一言。男の基準は〝かっこいい〟です。できなかった人にも〝くすぐる言葉〟をかけます。

③貼る

忘れないように、やるべきことを部屋中に貼ります。「おっと、あぶない。今日は忘れるところだった」なんてことは最初の段階ではよくあります。よく目に付く場所、例えば、トイレの扉に貼ったり、いつも見る時計の下に貼ったり、テレビに貼り付けたりしています。

④ 確認

家族の人が「今日はやってないぞ。やりなさい」と指示命令をしては、やらされた感覚になります。あくまでも「自主的」にということが重要。「あれ、今日はもう終わったのかい」柔らかい口調で問いかけます。問いかけが基本です。

⑤ みんなで

自主練習は、自宅でひとりで行います。やっているときは孤独ですが、「他の仲間もやっている」という集団意識を植え付けます。

何時にやっているか聞き「その時間は○○君もやっているぞ」と伝えます。場所は違えど仲間がやっている意識があれば、あいつもがんばっているので自分だけ「今日はやめよう」とはなりにくいものです。

エントモ野球塾の子どもたちは、かなりの確率で継続しています。「条件を整える」ことを考えながらやっている効果が出ています。

無意識にできるまで意識する

軌道に乗れば①〜⑤をしなくても継続できます。「自分がやりたいからやる」という境地に達すれば必要ないのです。ここまで到達する時間は人それぞれですが、スタートしてから三ヶ月（約百日）が大きな山だと感じます。三ヶ月を過ぎると、「やらないと氣持ち悪い」という感情になっていきます。軌道に乗るまで周囲のサポートも必要ですし、本人の覚悟も大事になってきます。

若いうちに「継続力」を身につけると、どんな世界でも通用すると私は確信します。たとえ野球で大成功しなくても、違う分野で花開く人になることでしょう。

たくさんのことを続けるより
まずはひとつを徹底して続ける

継続することの大きな意味に氣づいてください。

我慢なくして成功なし

どんな世界でも簡単に何かを得られるというわけではありません。うまくいっている人は、極めて変ずるまで我慢強く耐え忍んでいるのです。例外はありません。

「今の自分に必要なことは何でしょうか」

何かに向かって挑戦している人によく聞かれます。私にわざわざ聞くということは、今がうまくいってなく減速している時期だと想像しながら相談を受けます。色々なアドバイスをするにしても、「耐える時期じゃありませんか」とお答えします。

図5を見てください。我慢の成功曲線と私は名付けています。何かをスタートしたときに、右肩上がりで順風満帆に行くことはまずありません。最初は自分がイメージした通りにはいかず、底辺を行ったり来たりします。大抵の人は鳴かず飛ばずの時期で「自分には無理だ」と諦めます。しかし、もうちょっとがんばれば右肩上がりの時期が誰でもくるのです。

高校卒業後、社会人野球に入って直ぐに試合に出してもらいましたが、九年間、上がったり下がったりを経験しています。誰も手がつけられない活躍期に入ったのは、九年目以降の二十七才からでした。九年間を耐え凌ぎ、我慢しながら「絶対やってやる」と思い積み重ねたものが一氣に花開いたのです。

花開くときは人によって千差万別ですが、「右肩上がりが必ず来る」と思いながら不遇のときをコツコツ亀さんのようにがんばることが大事なのです。

可能性がないと思ってがんばる努力
絶対できると思ってがんばる努力

できると思いながら行動を積み重ねると、右肩上がりの時期が早まるかもしれません。うまくいかないときに、どんな氣持ちでやるのかで成功までの時間が変わってくることでしょう。

図5　我慢の成功曲線

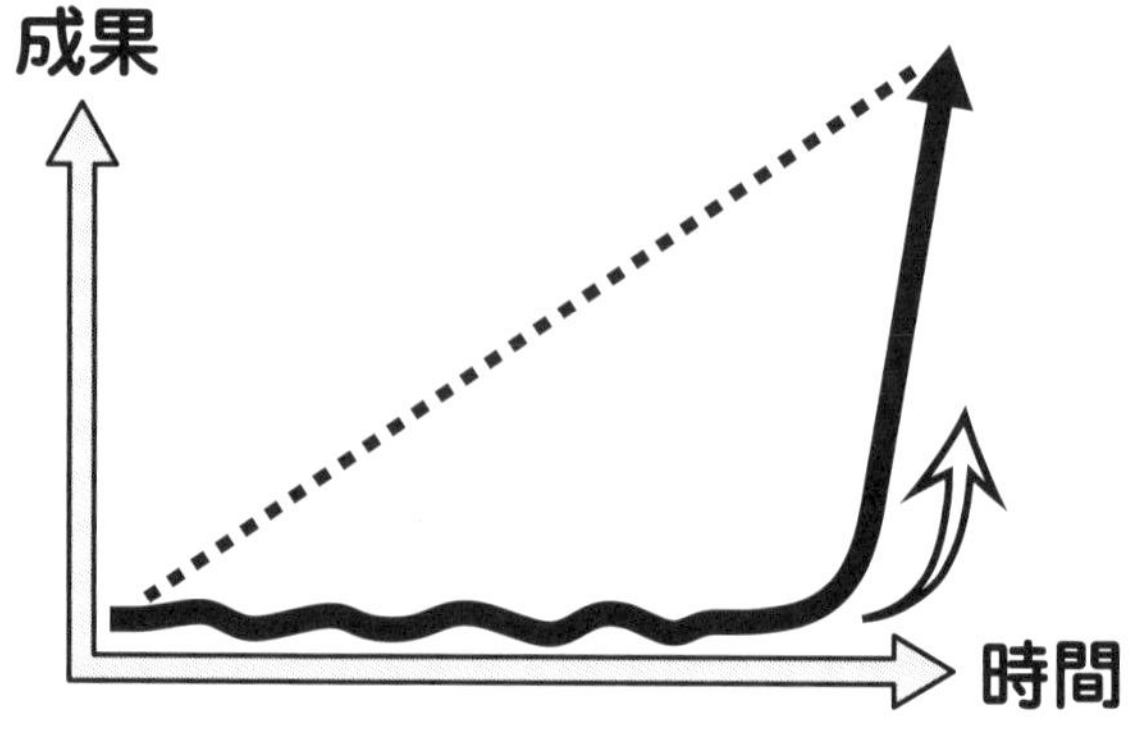

春→夏→秋→冬、の次は、冬じゃなく必ず春が訪れます。冬をうまくいかないときとすると、次はうまくいく流れが来るはずです。自然の法則は、上がれば下がるし、下がれば上がります。

うまくいかないときの合い言葉は「抜けないトンネルはない」です。

つらいときこそ伸びるとき

北海道に熱血な中学野球指導者がいます。高田真吾先生（注13）です。野球部の監督であり、生徒指導もされています。高田先生に会うと「我慢」の二文字をいつも思い出します。

本氣で生徒と真剣に向き合い、どんな子どもたちでもプラスに導くことができる高田先生。

雪の中で練習

北海道は雪が深く、ひと昔前までは冬は室内練習、もしくは体育館練習が当たり前でした。高田先生は、雪が降る外で厳しい練習を生徒と一緒になってやっています。

「どんなときに伸びるのか」を突きつめて考えると順風のときよりも逆風のときにひとまわり成長していきます。

厳しいトレーニングをしている選手に言います……。

「今、一番きついだろ。でも今の瞬間が一番成長しているときだ。大変だと思いながらやるのか、成長していると思いながらやるのか、どう思うのかは自分の勝手だが成長していると思いながらやれば効果倍増だぞ」

高田先生が選手に課すことは厳しいことが多い。でも、厳しいことで成長するという確信があるからこそできることです。愛情ある叱咤激励です。

選手は勝手に自分の限界を決めるもの。これ以上は無理だと精神的限界を決めつけています。でも、本当はまだまだ先のところに限界があり余力を残しているはずです。ほんの少しでもその限界の幅を広げていかなければ、自分の器が大きくなっていきません。

我慢は器も大きくしてくれる

厳しいと感じたら喜ぶのです。そこからが本当の戦いです。成長の機会を逃してはいけません。人は急に強くなるのではなく、耐え忍び我慢する積み重ねで強くなるのです。

「日々の練習で厳しいと感じることはたくさんあるはずだ。そのときに逃げてはいけない。厳しいと感じたその瞬間が成長している時である。我慢せずに立ち止まるということは、自分の成長を放棄しているようなものである」

成功イメージで乗り越える

厳しいと感じるときこそ、イメージする力が自分を助けてくれます。まともに厳しいという感情と戦ってはいけません。大変だという感情に矢印を向けるのではなく、成功に心を向けましょう。

登山をしているのであれば、頂上での景色。修業中の料理人であれば、数年後、自分が料理したものを喜んで食べてくれるお客様の笑顔。野球選手であれば、大会に優勝してお立ち台でインタビューしている姿。

大変なときは、視野が狭くなり目の前のことだけを見てしまいます。少し先をイメージして、感情を少しでもプラスにしていくことです。何をイメージするかによって、力が出なかったり、力が湧き出たりします。

つらいときに、考えることを事前に用意しておくことです。なるべくイメージが鮮明になるように、ポケットに「イメージができるもの」を忍ばせておくことも工夫のひとつです。

写真はすぐにイメージできるのでいいですね。山頂から眺めている景色の写真、胴上げして喜んでいる姿などいいのではないでしょうか。

誰にでも歯を食いしばり我慢するときがあります。乗り越えなくてはいけない壁を神様は常に用意してくれています。挫けそうになる自分をこっそり神様が見ているのです。耐える時期が来たら喜びましょう。そこを乗り切れば新しい世界が待っているのです。

継続の達人こそが、未来を切り拓いていきます。

成功の有無は、能力の差ではなく「継続力の差」なのです。

図6 積み重ねのすごさ!!

1日20分続けると

1週間で140分
（2時間20分）

1ヵ月で620分
（10時間20分）

1年で7300分
（121時間40分、5日と1時間40分）

ステップ3

突きつめる

修正しつつ上りつめる

少しのズレが時間の経過とともに大きなものになっていきます。がむしゃらに行動を繰り返していると、その〝ズレ〟に氣づかないものです。自分の出発点と目的地を一直線に結んだ線上にいるかを、定期的に確認し修正していくことが求められます。

成果を出していれば「変える」ことに対し尻込みをすることでしょう。小さな成功に満足していてはいけません。スタートするときに「大きな山」を目指していたはずです。

まだできる、もっとできる

飛躍には変化力が必要です。根本を見つめながら今の行動の質を上げていきます。最終的には「あなたにしかできない」というプロフェッショナルの境地へ行きましょう。

1

突きつめる

これでよしとは思わず、自分にしかできない境地を目指す。「なおもっと」を常に考え、**×10倍思考**で自分を追い込んでいく。自分の強みをどう生かすのかを熟考し、積み重ねの質を上げていきます。

2

失敗は素晴らしいもの

失敗の原因となっているものをはっきりさせる。「なぜ・なぜ・なぜ」を最低三回は繰り返し、本当の失敗原因を明らかにしていく。失敗は過去です。**成功の種**である失敗をありがたいものと受信することが鉄則です。

3 修正する

一流の人が必ずもっているのは「**修正力**」です。自分を客観的に観て、修正するべきポイントを見つけます。ときには厳しいことを言ってくれる人から喝を入れてもらい修正する。変化を怖がることなく、柔軟な姿勢で修正していきましょう。

4 学び・自立

行動の質を上げるために学びまくる。**繰り返し学ぶこと**で新しい氣づきが生まれてくる。支えられていないと立てない人ではなく、最終的には自分で立てる人になる。自分の経験から得たものと、先人の学びをミックスしてより良いものをつくり上げていきます。

5　ルーツ・感謝

自分の源流を知ると背筋が伸びます。過去を知ると今を大切にしようと自然に思うものです。**ルーツ**を調べると生かされていることに氣づきます。自然とにじみ出る**感謝**の心が最後のひと押しをしてくれます。

ステップ３は、樹木にたとえるなら素晴らしい実をつくりあげるステージです。根っこから養分を吸い上げ、日光を葉っぱいっぱいにもらい、最終的には熟した実をつけていきます。

飛び抜けた成果をあげるには、正しい方向性、アグレッシブな行動力、柔軟な修正力が鍵になってきます。自然の流れに逆らうことなく、上から下に水が流れるが如く振る舞うことが大事なのです。

ステップ3 1

もう一歩先

オリジナル

行動を繰り返していくうちにある程度の成果も出てきますし、自信も芽生えてくることでしょう。「もう一歩先に行けないだろうか」「もっとできないかな」と考える時期が必ずきます。

成果が出ているけど満足できない感じ

この感覚になれば次のステージに駒を進めたほうがよいでしょう。現状維持思考で「このままの成果を出し続ける」というのではなく、もっとやってやるという野心をもたなくてはいけません。成果が出ているときにこそ、枠をとっぱらい大きく飛躍するのです。

ステップ1－5「腹を決める」に出てきた小西正行さんは、年商三千万円だった頃に次年度〝十倍〟の年商三億円という目標に切り替えたといいます。そこそこ困らない程度の収益でしたが、現状維持ではなく目標をぐんと引き上げたのです。

今より十倍の成果

今の考え方、やり方では到底無理だと氣づくはずでしょう。大胆な意識改革、思い切った行動に出ないと成就できない境地です。彼はここから大きく自分が変わり、成果も変わってきたと当時を振り返ります。

十倍の成果を考えると、今していることをもっと突きつめる必要がありま す。「これでいいのか」「これがベストなのか」自分に対して絶えず問いかけていきます。

ステップ1で「強みを見つける」という話をしました。この段階にくれば〝強みの生かし方〟を深く考えていきます。

足の速い選手がいるとします。ダッシュやスタート練習を繰り返し、走り方を研究して速さを磨くことも大事です。しかし、打撃のときにポーンとフライを上げているようでは、自分の足を生かしきれていません。

左打者であれば三遊間にゴロを打つことが〝生かすこと〟になります。左打者が三遊間にゴロを打ち、ショートに捕らせることができれば内野安打の確率がアップします。派手なヒットではありませんが、自分の特性（強み）を生かしチームに貢献することができます。

具体的に考える必要もあります。左打者が逆方向に打つには、スイングの軌道をインサイドアウトにしなければなりません。ドアスイングで引っかけてセカンドゴロを打っているようではいけないのです。

素振りやティーバッティング、マシン打ちからフリー打撃、すべての機会において逆方向に打つための動作を意識していくことが、生かすことにつながっていきます。

「どうしたらいいですか」

停滞したときに助言を求めてくる選手がいます。悪いことではありませんが、まずは自分で「どうしたら生かせるか」を考えるべきです。使うのは自分ですから、自ら生み出すことがベストです。

簡単に手に入れたものは、簡単に手から滑り落ちていきます。苦労してつくり上げたものは、簡単には忘れません。

数々の記録をつくったイチロー選手は、現状維持をよしとせず研究を繰り返し、更なる境地へチャレンジし続けています。普通の人は、「あんなに打率を残しているのに、何で打ち方を変えるのだろう」と疑問に感じますが、野球の世界は、成果を出すと「もう打たせない」と相手が研究をしてくるからです。弱いところを見極め、徹底的に攻めてくるのです。しかし、イチロー選手は絶えず研究し進化していくので、次のシーズンは前年（過去）の研究は通用しなくなっています。

「あれ、ここが打てないはずなのに……」

イチロー選手の進化に周囲はついていけていないのです。だから毎年飛び抜けた成果を出し続けています。進化し続けるアスリートに共通しているのは **〝満足しない〟** ということです。

誰にもマネできない領域

自分もまだ到達していないし、誰も行ったことのない場所。「もっと先の風景を見てみたい」という人間の欲求に素直に従うのです。

自分が今もっているものを包み隠さず公開する

エントモ「秘密塾」（注14）は、成果を出すためのスピリットやノウハウがつまっています。すべてを公開するので参加された方は「他人に知られたくない」と口を揃えて言います。

「隠すよりオープンにするべきですよ」

受講された方にノウハウを積極的に公開するようにすすめます。公開するということは、競争相手も知ることになります。知ってしまえば使えなくなるという恐怖感が芽生えます。

オープンにすると何が起きるのか……

もちろん相手は知っているので同じようなやり方では通用しません。新たなやり方であったり、意識を何倍も向上させ精度を高めて行く必要があります。現状維持思考では、勝ったり負けたりで常勝には程遠くなるのです。

背中の扉が閉まり
前へ行くしかないという感覚

自分の甘さを取り除いてくれるのが「背水の陣」です。公開することにより自分がもっと磨こうと思い、マンネリよりも突きつめることを選択します。そうです、公開すると自らが成長していくのです。もう一歩先と考える状況を自らつくるのです。

手法を話しても意外に伝わっていなく、相手は成果を出せない

今の自分は、相当の積み重ねがあってのことです。相手が表面上を知ったからといって、同じような成果をすぐに出せるでしょうか。現実的には難しいと思います。公開することは敵に塩をおくることではなく、自分への叱咤激励となるのです。

公開する（相手に話す）と現在地に氣づきます。未来に向けて走り続けていると「今」について鈍感になるものです。話すことで「あれ、何か横道にそれているかも」「言葉ではきれいに話しているけど、実際はできていないし甘いな」と氣づくことがあります。

誰にでも伸び悩みの時期がやってきますが、次に飛躍するためのフロアにいったんいるだけにすぎません。

今を深く考える
自分の強みを生かすためにどうするか
今までをオープンにする

自分にしか出来ないオリジナルの境地まであと一歩です。
ここで満足し停滞し続けるのか、ここからもう一段階ジャンプするのかを決めるのは自分です。

ここからが本当の勝負なのです!!

ステップ3

2

失敗は素晴らしいもの

捉え方

もっと先へと思いチャレンジしていくと、数々の失敗が起きます。しかし、これは想定内です。なおもっとの精神で突き進んでいれば、必ず起きる現象なのです。

失敗 ＝ 過去

起きたことをいつまでも悔やんでもしょうがありません。失敗したという過去にとらわれて前進できない人がたくさんいます。とらわれて動けなくなるより、糧にしながら次はパワーアップして臨むことが未来を明るくします。

成果を出せる打者と出せない打者の違いは、技術力の差というより考え方（捉え方）の差があります。

一試合で三回打席があるとします。三割打てる人が一流と、プロの世界では言われていますが、アマチュアの世界も同じです。三割ですから、十回打席に立てば三回ヒットを打てるということです

ここで大事なポイントは、七回はミスをしているという点です。ミスしたときの考え方で、次打席の身体の動きは大きく変わってきます。

一打席目　……　三振

成果を出せない打者は、「次打たないとまずい」「次は絶対にヒットを打ってやる」と思います。結果思考になり自らにプレッシャーをかけて身体を動けなくしていきます。

成果を出せる打者は、「あと二打席ある。二打席の中で一本打てる計算だから、次の打席は五割に確率がアップした♪」と思います。打たなきゃという感覚よりも、次は大丈夫という前向きなイメージをもちます。

二打席目　……　サードゴロ

成果を出せない打者は、「次打たないと交代させせられるかも」「今日はダメかも」と思います。もっとプレッシャーをかけて自分を追いこんでいきます。この時点で普段通りのスイングは限りなく難しくなり、焦る氣持ちが全面に出てボール球に手を出してしまったり、消極的になって思い切りがなくなります。

成果を出せる打者は、「まだ一打席ある。三打席で一本打てる計算だから、次は確率百パーセント！　絶対打てるじゃん！」と思います。プラスに捉えているので普段通りスムーズに身体を動かせます。プラス感情なので余裕もあり、ボール球に手を出すことなく自分の狙い球を思い切ってフルスイングします。

三打席目……

いかがでしょうか。どちらの考え方が成果が出せるかは一目瞭然ですよね。心の中は見えませんが、打席に立っている選手（本人）がどう考えるかによって、動き方は大きく変わってくるのです。

この話で「こう考えたら絶対に打てる」という話はしていません。マイナスに考え結果思考になるより、プラスに捉え未来の自分を信じれば**身体が動きやすい**のです。

心と身体はセットになっている

成果を出すには心をコントロールすることが必要です。すごい技術力をもち、他を圧倒する身体をもっていても考え方や捉え方がマイナスであれば思うように身体は動きません。

練習試合ではまずまずだけど、大切な公式戦で成果が出せない選手は数多くいます。相手が強くなればなるほど「やらなきゃ」「しなきゃ」と考えます。ミスは誰にでもあるのですが、そのミスを次に生かすというよりミスを誘発する考え方をしている選手が多いのです。

動く前の考え方、心のもちようが未来の成果を決めていくのです。

小学生の試合を見ていて面白い応援をしている光景を目にしました。自チームの選手がエラーをしたときに、ベンチにいる仲間が歌うのです。

「たまにはあるさ、そりゃそうさ♪　人間だもの当たり前♪」

リズムに合わせて小学生がエラーをした選手に歌っていたのです。日本の詩人・書家「相田みつを」さんみたいな言葉です。「失敗は誰でもするもの」という小学生の歌に大きくうなずいたものです。

失敗を次につなげるという氣持ち、成果を出せる人は〝**開き直り力**〟〝**切りかえ力**〟を持っています。急には培えない力ですが、小さなミスからそう思おうとすることが第一歩です。

原因追求

捉え方を変えていくことが大切ですが、失敗の原因をしっかり探り「同じミスを繰り返さない」ことも重要です。ミスを引き起こしている元凶をいかにして摘んでいくのかは、ビジネスでも危機管理として大事になります。

ある試合のことです。相手チームは能力抜群のエースが投げています。試合前の投球練習を見て「今日は一点勝負だな」と思わせる好投手です。こちらの投手はエースではありませんが、いつも以上の投球をして接戦に持ちこみ、四回まで手に汗握る試合です。五回表、試合が動きました。こちらのチームが相手投手を攻略し、一挙三点を取ったのです。チーム全体で喜び盛り上がり、「よし、いけるぞ!」という空氣がチーム内に充満しています。

しかし、五回裏、急に味方投手が乱れ、ストライクが入らなくなりました。ボール、ボールで四球……。手元が狂い死球、ランナーをためてガツンと四番打者に長打を浴びて五点を献上。

あなたが監督であれば、急にストライクが入らなくなった投手に対し、試合後にどのようなアドバイスをするでしょうか。

急にストライクが入らなくなったイニングは、投げるリズムがバラバラで思うように投げられていない状況でした。一般的に投手は百球前後で乱れやすく、先発投手は五回で百球くらいになります。

「スタミナ不足だ。帰ってからランニングだ」

「投げ方がバラバラだったぞ。明日からブルペンで投げこみだ」

確かにスタミナ不足かもしれませんし、技術不足かもしれません。これは実際に私が見ていた試合ですが、私には、そうは思えなかったのです。五点取られノックアウトした投手に、試合後、問いかけました。

「急に乱れた原因をどう思う?」

「いきなりストライクが入らなく、打者との駆け引きというよりストライクをなんとか取ろうと思って投げていた」「疲れはなかったのですが、フォームがバラバラになって技術不足だと思います」との返答がありました。

「五回のイニングに入る前、何を考えていた？」と問いかけると、彼は思い出せないようだったので、記録していたスコアブックを見るように言いました。すると、スコアブックを眺め「あっ！」と声をあげたのです。

「五回に味方打線が三点取ってくれて喜びました。四回までは「0－0」の試合だったので氣を張りながら投げていましたが、点数を取ってくれてホッとしたのが正直なところです。五回のマウンドでは、少し氣が大きくなり油断していました」

本人が失敗の〝本当の原因〟に氣づきました。失敗の原因（根本）は、スタミナ不足でもなく技術不足でもなく「心の揺れ」だったのです。

病院は検査を繰り返し、病氣が確定してから処方箋を出し薬を患者さんに与えます。症状に合わせた薬じゃなければ、効果はありません。

本当の原因は何だろう

深く考え、**根本の原因**を把握しなければ「同じ繰り返し」が起きることでしょう。走りこみ投げこんで、スタミナをアップさせ技術力を磨いても心の揺れは解決しません。「次、同じような状況で心を揺らさないためにどうするか」を選手と一緒に考えることです。

今、うまいかないこと、よくする失敗の原因はなんでしょうか。捉え方だけじゃなく、再発防止も同時に考えていきます。

本番まで、何度失敗し、何度修正して糧にできるか

私は、ＰＴＡのお父さんお母さんに話すときに「失敗をさせないように手を回すことはやめましょう」と言います。

親は、失敗をさせたくないと思うでしょうが、失敗なくして成長はありません。子どもたちを指導していて「挑戦できない子どもたち」が増えているのが氣になります。

若いときの苦労は買ってでもせよ

苦労（失敗）は成長させるものだと口を揃えて言っていた時代がありま す。ちょっとした失敗で心が折れ、立ち行かなくなる選手の裏には往々にして過保護な親が背景にいます。

簡単に得たものは簡単に手から滑り落ちる

「この成功は〝あのときの失敗〟があったからです」飛び抜けた成果を出したスポーツ選手や経営者がいう言葉です。

北海道の野球を大きく変えた駒大苫小牧高校。夏の甲子園で初優勝した翌年春の甲子園。二回戦で相手投手に完封されて敗戦しました。八回までノーヒットの展開で、最終回にヒット一本だけ放ちノーヒットノーランをまぬがれた試合だったのです。

試合後、当時の監督だった香田さんは「どうせならノーヒットで敗戦したほうがよかったな」と言いました。この言葉の意味は深いです。

大きな失敗から、チーム（人）は大きく変わる

彼の経験からにじみ出た言葉です。ご存知のとおり、数ヵ月後の夏の甲子園では二年連続全国優勝の偉業を達成したのです。

失敗をきっかけに捉え、変わるきっかけにしていくリーダーがいるチームは、とてつもない成果を出していきます。

ミスをしないようにと考え時間を重ねても、成果を出せるチーム（人）になることはできません。チャレンジしてどんどん失敗することで人は大きくなっていくのです。

ステップ3

3

修正

ダメな自分を知る

毎日繰り返していると、それがベストの動きだと思いこみます。表面上のことに意識が向きがちで、大切にしなければならないところが疎かになっているものです。私は、部室やダッグアウトの整理整頓を最初にチェックします。

「この置き方はどうなのか。君たちの心が道具の扱い方に表れているのではないか。これでは能力があっても発揮できる心にはなっていない」

チームとして、道具を大切にしよう、当たり前のことをきっちりやろうと掲げていても時間の経過とともに緩くなっているものです。指摘すると、ほとんどのチームが自分たちのダメさ加減に氣づきます。

指摘してすぐにその場で正してもらいますが、正し方も最高を目指してもらいます。道具を並べた後に厳しい口調で選手へ話します。

「鞄と鞄の間が統一されていない。靴の並べる向きも一定じゃない。ただ並べればよいのではなく、誰が見ても素晴らしいと思えるようにしなくてはいけない」

鞄や靴を完璧に揃えていくと、他のことも乱れていれば氣になってきます。ベンチの壁に貼ってある紙が曲がってはいないか、バットケースがしっかり整っているか、選手はすべてに対し襟を正し始めます。

どんな心でやるのか。

指摘されたときは誰でも行動を正します。大事なのは**素直な心**で受け止められるかどうかです。

ここで「面倒臭いな」「少しぐらいいいじゃん」という心があればまた疎かになり、同じようなことを繰り返していくことでしょう。「そうか指摘されてよかった。ここから修正してまた勝負していこう」素直に修正する心が明るい未来を創っていきます。

口うるさい人を遠ざけない

ステップ2で私が「煙たい人」と言いましたが、ズバズバ言うのが私です。

監督も「あちゃー、そこできていなかった」「選手に伝わっていなかった」とショックを受けます。私が行くと一番プレッシャーがかかるのが監督なのです。

師と仰ぐ西田文郎先生が、ある講座で話されました。

「偉くなると誰も指摘してくれなくなる。そういう環境にいては間違った方向に歩みやすく裸の王様になりかねない。マイナスのことを本氣で言ってくれる人を遠ざけてはいけない」

野球部の監督やビジネスの経営者、リーダーになればその組織内ではトップの立場にいるということです。下の者から「それはおかしい」とは言いづらく「はい、はい」という環境になります。

おかしな方向に行きかけても指摘されることは滅多にないので、往々として成果の出せない組織になっていきます。

冷静な目で見てくれる第三者の存在、大切ではないでしょうか。

「あなたの言葉が伝わっていない」

「あなたに原因がある」

誰でも非があれば、無意識に自分以外のせいにしたくなるものです。

「何度言っても選手が理解できないのです。今年のチームはちょっと勝てないかも」

「あなたの伝え方が悪くて選手は動けてないのです。技術能力の高い選手がいれば勝てるのではなく、今いる選手を育てて成果を出していくのです。あなた自身が目の前の環境から逃げてはいませんか？」

監督さんと私の間でよく交わされる会話です。監督からすると耳の痛い強烈な一言でしょう。しかし、私の本音です。技術能力がイマイチな集団でも、野球の勝負は勝つことができます。相手があるスポーツなので、弱者の戦いを駆使すれば大金星も可能なのです。

「悔しい」と「恥ずかしい」で人は再点火する

選手のやる氣スイッチを入れる私の指導方法を紹介します。技術指導をするとき、スタートする前にチーム目標を聞きます。

「君たちの目標は何？」

「甲子園で優勝することです」

「君たちは甲子園で優勝したことのないチームだし、優勝するチームがどんな心でどんな練習をしているか分からないだろう。駒大苫小牧高校野球部で全国優勝のお手伝いをした俺が、どのレベルでやっているかを今日は伝えたいと思う。やるやらないは自分たちで決めてくれ。今日は全国レベルの練習をやってみるか？」

「やります！」

「では、今までの自分たちの基準ではなく、俺が思う〝全力〟でやってみよう。グラウンド内は全力疾走、全力発声、できなかったらできるまでやり直しをする。いいか？」

「はいっ!!」

やるかやらないかを選手に決めさせてからスタートします。テクニック向上のために技術目安を伝えますが、グラウンド内での当たり前については厳しく指摘します。集合のときの走り方や止まり方、座り方や立ち方など細かいところを妥協することなく伝えていきます。

「はい、やり直し。全員ができて初めて次に進む。俺が指摘しているところは技術の部分じゃない。試合に出ている者でも、一年生の新人でもやろうと思えばできることだ。もう一度、やり直し！」

選手にしてみれば「ここまでやるの」と思いながら必死についてきます。三時間、四時間の練習で汗びっしょりになるのです。技術練習が終わってから

が、私の本当の戦いです。終わりのミーティングで選手に問いかけます。

「今日の練習は、自分に何点あげられるか？　十点満点で自分を評価しよう」

この問いかけに対し、自分に満点をあげた選手は今までにひとりもいません。何度もやり直しするなかで「いたらない自分」に出会うからです。

「今までの自分は甘かった」

「本当の全国レベルってこんな感じだったのか」

それぞれが現実と夢とのギャップに驚き、落ち込んで話しを聞いているのです。選手ひとりひとりに点数を聞き、聞き終えた後に待ってましたと私が一喝します。

「おい、今日の練習を全力でやり切れたやつはいないのか。三時間前に『やります！』って言ったのはお前たちだぞ。夢だけは一丁前だけど行動は子どもだな」

選手の表情が一変しますが、それでもやめません。もっとヒートアップしていきます。

「俺が言っているのは他者評価じゃなく自己評価だ！　失敗をしたり、やり直しても自分の中で全力であったならば満点をあげられるはずだ。自分の中でやり切ることができない集団が勝てると思うか!!」

選手はふたつの感情になります。ひとつは、「なんで初めて会った人にこまで言われないといけないのか」という怒りの氣持ち、悔しい心です。叱責している最中に私をにらむ選手も数多くいます。もうひとつは、「数時間前は自分たちでやると決めたのにできなかった」という恥ずかしいという氣持ちです。今知ったばかりでできないのは当然だけど、覚悟や本氣が足りないのは恥ずかしいという気持ちです。

何度も繰り返しますが、人は順風でうまくいっているときには大きく変わりません。数々の成功者は逆風のときに大きく変わって行ったのです。

反骨心むき出しの悔しい心、恥ずかしいと思う心、ここから人は大きく変わっていくことを私は知っています。短時間で彼らの心を揺さぶり、自問自答して己の甘さに氣づく。ここからチームは大きく変わっていくのです。

本当の変革は、私が帰ったあとに起きます。

「エントモさんに指摘され俺は恥ずかしかった。そして悔しかった。チーム目標である全国制覇を本氣で目指そうではないか！」

自分を変えられるのは自分だけです……

自らが氣づき正そうとしない限り、本当の変革はありません。私が短時間で氣づかせるために、あえて叱責するのです。

羞恥心とは、自らを恥ずかしいと感じる心です。残念ながら現代の人たちは恥ずかしいと感じる人が少なくなった。私たちの先輩は「恥ずかしい」と思う心が強くあり、それが自分をもっとがんばらさせたり律したりの原動力にしていたのです。

本当のことを本氣で言う

私がチーム指導や社員研修で念頭においていることです。「ハッ」としてからが勝負です。受け止める側は、素直な心で修正していけるかどうかです。

本氣の指摘
本氣の受信

口うるさい人を遠ざけないことで、方向修正がしやすくなります。環境によって大きく成果が変わってきます。リーダーになれば、自分に対し厳しい環境を意図的につくる必要があるのです。

指摘する人もストレスを感じます。マイナスのことを言えば自分がつらいからやめようと思う人もいます。でも相手のことを考え「よくなって欲しい」と思う氣持ちから苦言を呈します。

親が子どもに口うるさく言うのは愛情があるからです。監督が選手に何度も何度も指摘するのは、いい人間になって欲しいからこそなのです。

成果を出すチームには必ず**〝指摘マン〟**がいます。妥協をよしとせずに軌道修正してくれる人がいるのです。

悪役

仲良しこよし軍団では飛び抜けた成果は出せません。監督から選手へ、選手から選手へ、厳しい指摘がチームをプラスの方向に導きます。

平成十六年に全国優勝した駒大苫小牧高校野球部の当時を振り返ると、選手同士の指摘が的確で厳しかったのを思い出します。本人ができるかどうかではなく、「まずいものは正す」という空氣が充満していました。試合によ

く出る中心選手がミスをした場合、

「いつも活躍している選手だからしょうがないか」

「俺もできていないから言えないや」

とならずに、常勝軍団だった彼らは妥協することなく、ダメなものはダメと貫いていたのです。**愛情ある指摘**がチームを強固にしていきます。

ある経営者からの相談で「社員さんにあまり厳しいこと言えないんですよね」少ない人数でがんばっている会社なので、辞められたらまずい状況のようです。しかし、組織の決め事を守れていないのに見てみないふりをして、風紀が乱れ組織が大きく揺れていたのです。

「あなたの甘さが組織を乱している元凶です」

その女性経営者は、意を決し社員さんに本氣の指摘をし始めました。当然ぶつかり合いが起こりましたが、愛情ある本氣のぶつかり合いに組織は大きく変わったと後日報告をもらいました。

言い方や伝え方は様々でしょうが、自分の心の扉を全開にして本音を言い合うことは避けてはいけない道なのです。

変える勇氣

やってきたことを変えることは、かなりの勇氣がいります。当たり前のことが緩かったらそれは正せばいいのですが、毎日繰り返している積み重ねを修正していくことに対しては躊躇《ちゅうちょ》するものです。

大きな成果はまだ出ていないけど、このまま我慢してやり続ければいいのか、やり方を大胆に変えたほうがいいのか……。

誰でもこの感覚になるときがきます。基本を会得するにはかなりの時間を要します。やる動きは変えなくても〝意識〟を変えていくことは重要です。飲食店の厨房でキャベツの千切りをやっていたとします。業務的にキャベツを千切りしているだけの感覚ではなく、素敵に切ってお客様を喜ばせるという氣持ちでやれば動きが変わります。

「お客様に美味しく食べていただき、元氣になって周囲の方々を幸せにしてもらいたい！」

ちょっと大袈裟かもしれませんが、自分のしている行動に意味づけをしていくと自分の心が変化します。世の中には意識を変えるだけで大きな成果につながった例はたくさんあるのです。

カラーの神様・吉田麻子さん（注15）は、興味深い話をされていました。

「木で例えると、地中にある根っこや太い幹が貧弱だと木は大きくなりません。でも葉っぱは派手に見えてキラキラしています。人はどうしても葉っぱに目が行くものです」

確かに木を見ていると、葉っぱに目がいきがちです。木が生きていくには葉っぱも大切ですが、養分を地中から吸い取る根っこ、そして風に吹かれても大丈夫な太い幹も大事なのです。

「葉っぱを方法と考えると、根や幹がしっかりしていればどんな葉っぱでも大丈夫だと思います」

なるほど！　絶対やってやるという覚悟、どんな状況でもぶれない自分、諦めない理由があれば、手段（方法）はなんでもいいということです。

「この方法じゃないといけない……」

「この前はこれで成果を出せたから……」

方法に固執する人は、なかなか一歩先にいけません。さらなる高みを目指すなら最善の方法を探る柔軟性が必要です。

「エントモさん、この方法でやろうと思うのですがどう思いますか?」

質問を受けたときに「いいのではないですか。何をやるのかより、どういう心でやるのかが重要です」と答えます。

登山でも登るルートは意外にたくさんあるものです。山頂に行くことが目標ならば、どのルートで行くかは問題じゃありません。

ときに行動を変える勇氣も必要です。大胆な軌道修正をしたとしても、根っこの部分がぶれていなければ大丈夫でしょう。

野球で成果を出していける人は、細かい修正を試合中にしています。打席で投手の球を打ち損ねて、真後ろのバックネットスタンドへファールを打ったとします。

「今、バットの上っ面に当たったたな。もう少しボールの下を狙おう」

真後ろに飛んだということはバットの上に当たったたということです。この事実から次に意識することを付け加えられる選手が、成果をあげていきます。

ステップ3―2で「原因追求」の話をしましたが、今の事象や流れを的確に読み取れる人が細かい修正をしていくことができます。これも〝準備力〟です。

修正には「小さなこと」から「大きなこと」まで多岐にわたります。今を観る力、周囲からの指摘を受け取れる心、いずれにしても修正力がある人が飛び抜けた成果を出していきます。

ステップ3

4

学び・自立

まずは知ること

私はエントモ秘密塾で「知っていると知らないとでは大違い」と話します。当たり前の話ですが、知らないとできないし大きな変革も望めません。

ステップ3―3で「修正力」について話しましたが、成果を追求していく過程で必要になってくるのは「知る」という行為です。

新しい風を自分に送りこむことで発想豊かになり、今まで考えもしなかったことが浮かんできます。

「時間とお金をかけた甲斐がありました。このまま知らないで一生を終えていたと思うとゾッとします」

私も今まで数々のセミナーや講演会に参加しています。自分から参加したいと思ったものから、人からすすめられて仕方がなく参加したものまでありました。後者のまったくピンとこないセミナーでも「えっ」という感じの発見が多くありました。まったく違うジャンルのセミナーで「得るものがあるかな」と半信半疑で参加しますが、原理原則の部分で共感したり「えー、そういう発想か」など新しい発見があるものです。

「そんな講座に出るよりも、今日の練習が大事」

今するべきことをやることは大事ですが、未来のために**質を高めるきっかけ**はもっと大事です。積み重ねが未来の成果を決めていくので、成果に向けて正しいことが求められるのです。

聞くは一時の恥、聞かぬは一生の恥

知らないことを聞くのは一瞬ためらい、恥ずかしく思います。でも聞かなければ一生知らないで過ごすことになるので、そのほうが恥ずかしいという意味です。

知らぬは一生の恥という表現を使う人もいますが、私も同感です。セミナーや講演会に出席したときに質問をすることを心がけます。

「私はこう捉えるのですが、いかがでしょうか」

質問の仕方もまずは自分の考えを伝え、次に疑問を投げかけます。私も数々の講演会で話しますが、答える立場からすると最初に己の考え方を伝えてくれたほうがアドバイスがしやすいので、私も質問するときはそのように質問します。

「今さらこんなこと聞いていいのかな」
「たくさんの人の前で聞くのはちょっと恥ずかしい」

消極的な心ではいけません。聞くは一時の恥、聞かぬは一生の恥なのです。講演後に「先ほど、質問できなかったのですが」と聞いてこられる方はいらっしゃいますが、その講演中に聞く勇氣が大事です。

後から個人的にではなく、「今、公の場で」なのです。

皆さんが共有できる空間で質問すれば、自分以外の聞かれている人も得をします。自分だけ成長するという考え方ではなく、みんながよくなればという視点も大切です。

子どものときにお父さんお母さんに「なんで？」「どうして？」と質問攻撃をした記憶はないですか。子どもの頃は探究心旺盛で、知らないことを知りたいと思う心が強かったはずです。大人になってくると悪い意味の「恥ずかしい」という心が頭をもたげます。

ガツガツした探究心

現状打破して今と違う成果を出したいのなら、一歩前に踏み出さなければいけません。講師の立場でいえば「ガツガツしてる人」「ギラギラしてる人」に教えたくなります。待ちの姿勢で棚の下で牡丹餅が落ちてくるのを待っている消極的な人より、積極的な人に時間を使いたいと思うものです。

知りたい、知りたい、知りたい

探究心が様々なものを引き寄せていくのです。

使えるくらい学ぶ

私の周囲にひとつのものを繰り返し学び、成果を出している人がいます。ドラッカーの佐藤等先生と、カラーの吉田麻子さんです。ドラッカーの「経営者の条件」という本を何度も読んでいるのです。

佐藤等先生は四十三回、吉田麻子さんは三十七回（平成二十四年二月現在）

何度も読む理由を聞くと「毎回新しい氣づきがあるから」と言われます。「この文章はこういうことを言いたかったんだ」「前回読んでも氣づかなかったけど意味が分かった」

私が何度も読んだことのある本は野球漫画の「ドカベン」ぐらいですから、ふたりの積み重ねには驚きます。佐藤先生は言われます。

「ただ読んで知識を溜めこむのではなく、自分で使い実践できるような取り入れ方が重要である」

浅い理解ではなく深い理解をして初めて〝**使える**〟状態になるということです。知るということが第一歩ですが、二歩目は使えるかどうかなのです。本だけじゃなくセミナーや講演も同じです。

「あのセミナーは一度聞いたから今回はパス」

一回で自分が使える状態になったと錯覚しますが、大抵は使える状態には程遠いことでしょう。私はこれと感じた人のセミナーには何度も足を運びます。前回聞いてから何かを心がけて行動を積み重ねると、変化した自分がいます。その変化した自分が同じ話を聞けば、前回と違う場所でハッとしたり、今の行動と照らし合わせて「正す」きっかけになるはずです。

セミナーを何度も聞いているけど変化がない人もいます。

講師の言葉を一所懸命にメモり、ノートを文字でびっしりにします。でも持ち帰ったあとに見返すこともなく、「聞いた」という事実だけが残ります。

私の聞き方は、一回目は講師の言葉をメモりますが二回目以降は違う聞き方をします。

「そうか、これを修正し取り入れよう」

「アイディアが浮かんだぞ！　未来に向けてこれをしてみよう」

自分がどうするかを中心に考え、わいてきたアイディアを徹底的に書き記します。

あれをしよう、これをしよう

自分が使うことを前提とした聞き方なのです。

知識を溜め込んでも実践しなければ、何も変わりません。同じ時間を学んでも変化する人としない人の違いは「聞き方」が違うのです。時間は足し算ではなく引き算です。

成果が出せる時間の使い方、心がけたいものです。

一生学ぶ

経営者で大活躍している人やスポーツで飛び抜けた成果を出している人ほど、これでもかと学んでいることに氣づきます。

人はいつも揺れ動き、ぶれないようにと思っても氣づけば真っ直ぐ立てていないことが多いです。学ぶことで軌道修正し変化して、なおもっとと追求していきます。学ぶことでバランスを取っているのです。

ある方が言いました……。

「学ばないと自立できない」

深い言葉です。学ぶといえば本だけじゃなく、人からの話や自身の経験からなど多岐に渡ります。成功からも学べるし、失敗からも学べるのです。

万物みな師

すべてのものから学ぶ姿勢さえあれば、何からでも必要な栄養を摂取することができます。目の前の事柄でマイナスのことがあれば、受信の仕方が大事なのです。

これは修行である

マイナスの事柄で不平不満や愚痴をいうより、修行と捉え次に生かそうとするほうが自分のためになります。

野球の試合でエラーをしたときに、「自分をレベルアップさせてくれるもの」と考えられるかどうかです。

どう捉えるかは個人の自由。心の中のことなので自分で選択できることです。選手に「どうせならプラス受信しよう」とすすめます。

野球の指導をするときに考えるのは〝自立〟という二文字です。すべての経験は自立する道具です。学ぶことで様々なことを悟り、自分で立てるような人間になっていきます。

最初の段階は、人から助けてもらい、示唆《しさ》してもらい人は成長していきます。でも成果の出せるチームは、もたれかかるというよりも、ひとりひとりが自立して強い人が集まっている状態です。

「社長ではありませんが、社長のような考え方で働いています」

抜群の成果を出す組織は、主人公意識をもった自立した人がいるのです。

「自立するために学ぶ」

もうひとつの学ぶ側面です。徹底して深堀する学び方、もうこの段階になればあなたもできるはずです。

ステップ3

5

ルーツ・感謝

伝統校はなぜ勝てるのか

力の差はさほど無くても、僅差で「またこの学校が優勝」という都道府県も少なくありません。プロ野球みたいに毎年同じ選手で戦っているのであれば分りますが、高校野球であれば三年生は引退し同じ年代の若者が戦っているのに伝統校が勝利したりする。なぜなのでしょうか。

歴史あるチームは、「**思いの継承**」があります。その学校出身者である指導者や、ＯＢが昔話を現役選手に語ります。

「こんな大変な時期があったんだ」
「昔は厳しくて逃げ出したかった」

様々な苦労を乗り越えてきた先輩の話は心に響きます。「俺たちも本氣でやるぞ」現役選手は自然に兜の織をしめ直すのです。

恥ずかしい生き方（振る舞い）はできない

昔を知るとこういう感覚になります。試合だけじゃなく普段の練習から、背負っているものが妥協を許さなくしていきます。それをプレッシャーと感じれば力は発揮されませんが、背中を押してくれるものと捉えれば大きな力を発揮します。

試合の中では、ぎりぎりの戦いになればなるほど底力が溢れ出し、目に見えない何かに背中を押されるように、試合で接戦を演じていても勝利で終えることができるのです。

ルーツを知る

小田島裕一さんが主催している立志塾では、自分のルーツを探ってもらいます。家系図を調べ、自分が生まれてくるまでを知るのです。正月で親戚一同が集まるときに、先祖のことを聞き出したりします。私が小田島さんからルーツを知る大切さを聞き、自分の家系を調べてみました。

たまたま実家に家系図があり、父方と母方を遡《さかの》ぼって聞いてみました。北海道で生まれた人は、三代、四代と遡ると北海道以外からの移民だったことに氣づきます。

北海道は百年ちょっと前に全国から集まった屯田兵により開拓されました。かなり昔から住んでいたアイヌ民族もいましたが、ほとんどは本州から来られた方々なのです。私の父方をたどっていくと山形県まで行き着きました。先祖の中に「相撲取りをしていた人がいた」と聞きびっくりしたのです。

「種目は違えど、スポーツをやっていた人が先祖にいたなんて」

私は社会人まで野球というスポーツをやりましたが、まさか私の先祖にスポーツを本氣でやっていた人がいるなんて初耳でした。

母方をたどっていくと富山県に行き着きました。どうやら富山県で「寺子屋」をやっていた方がいたようです。えっ、寺子屋？

「今現在、全国で実施している講座は寺子屋みたいなもの。先祖に同じようなことをしていた人がいたなんて」

立志塾で数々の受講生が自分のルーツを調べていくと、何かしら「共通すること」を発見します。先祖を意識したことはありませんでしたが、同じようなことをやっていた血の繋がっている人がいると思えば、恥ずかしい生き方（振る舞い）はできないと考えるものです。

私が企業で行う社員研修では、必ず「会社のルーツ」を調べてもらいます。調べていく中で、先輩から昔のことを聞いたり、起業した社長の思いにふれたりします。

「こういった思いで事業を立ち上げた」
「先輩の思いをこのように継承してきた」

今までのプロセスを知ると、自分目線で不平不満を言っている自分が恥ずかしくなります。

「給料が安い」
「労働時間が長くて大変だ」

歯を食いしばってバトンリレーをしてきた流れで、今自分がバトンをもっていることに氣づき背筋が伸びます。覚悟をもって本氣でやろうと自然に思います。

会社という小さな組織ではなく、もっと大きな「日本」で考えてみましょう。日本をつくってくれたのは、今の私たちではなく先人の方々です。戦後復興では焼け野原で何もないところから、今の土台となるものをつくり上げてくれました。戦前も同じです。日本という国は、たくさんの方々の思いが継承されてできているのです。

ルーツを知ると、生かされていることに氣づきます。昔を知らないと自分勝手に考え、すべてが当たり前だと思い、感謝する心を失った状態になることでしょう。

「先人から受け継いだものを知れば、後世に残すべきものが見えてくる」

小田島さんの講座でよく聞くフレーズです。良きものを引き継いだという感覚があれば、それ以上にして残したいと思うことでしょう。引継いで自分がもらったものを、マイナスにして次世代に渡すのは不本意です。

伝統や歴史を感じられる人は、今を大切にします。楽をしたい自分、甘えてる自分に喝を入れられるのです。

自分のことを好きになれない人、他人を尊重せずいじめる人

かけがえのない命のリレーで今の自分があると思えば、自分のことも大切にするし他人のことも認められます。自分の源流を知れば今に感謝できるのです。

二〇一二年、北海道日本ハムファイターズからダルビッシュ有投手がメジャーに挑戦することになりました。日本からメジャーに挑戦し成功している選手は数多くいます。イチロー選手をはじめたくさんの選手が「やればできる」ことを証明してくれています。

一番最初にやればできることを証明してくれた人は誰なのか……

メジャーに初めて日本人で挑戦したのは、一九六四年南海ホークスから野球留学した村上雅則投手。二年間だけの挑戦で大きな成果はあげられませんでした。一番最初に大きな成果を出したのは、近鉄バッファローズを退団しメジャーに挑戦したトルネード投法の野茂英雄投手です。

今は道筋ができていますが、一九九五年野茂投手が挑戦したときは道すらまったく見えない状況でした。実質的なパイオニアだった野茂投手はメジャーに渡るときに、周囲から数々のバッシングを受けます。

「あいつが通用するわけがない」
「半ばケンカ別れして球団を辞めて、人間的にダメなやつだ」

何事も最初となれば風当たりが強く、思うようにはいかないものです。当時の野茂投手は、持ち前の開拓者精神で困難を乗り越えていきます。

近鉄時代の年棒は推定一億四千万、ドジャースとのマイナー契約は年棒九百八十万程度。十分の一以下に給料が下がっても、挑戦するという氣概はすごいの一言に尽きます。

挑戦したその年にマイナーからメジャーに昇格し十三勝をあげました。翌年はノーヒットノーランを達成し、日本国中を熱狂させたのです。

何もないところに道をつくる

二番目に通る者は、「道をつくっていただき、ありがとうございます」の心でありたいものです。イチロー選手をはじめダルビッシュ投手も野茂選手の功績に感謝しているはずです。

講演で「みなさんの源流を大切にしていますか」と問いかけます。二代目、三代目経営者が先代のやり方が古いと不平不満を語っていることがあります。先代の数々あったであろう苦労をまったく考えていない人が多いのです。

「あなたがつくり上げた会社ではなく、あなたは継承しているのです」

先代を悪くいう二代目は会社を潰していきます。やり方は自分の代で変えたとしても「今までありがとう」の心で継承していなければ、面白いようにマイナスの方向へ行ってしまうものです。

自分が二代目でも三代目でも〝**開拓者精神**〟を引き継いだときからもたなければいけません。数々の苦労と向き合い立ち向かっていった先代のスピリットを、自分の代になってももち続けるのです。

野球チームでも監督になると豹変する人がいます。謙虚さが失われ「俺がやってやっている」という振る舞いをする人です。ＯＢが手を貸そうとしても「自分のやり方で」と突っぱねます。

当然成果も出せずに監督を退任し、後に自分の愚かさに氣づきます。残念ですがそれでは遅すぎます。大きな成果をあげるには自分だけの力ではなく、たくさんの英知が集まり形になっていくことを、挑戦しているときに心に留めておきたいものです。

×してやっている

○やらせていただいている

謙虚な心なくして、大きな成果は望めません。まずは自分のルーツや組織のルーツを知ることが大事です。

感謝の心

ルーツを知ると自然に「ありがたい」という感覚になります。今までの横柄な態度から一変するのです。大きな試合に挑むとき、「今までありがとうございます」「これからやってやります」と心が決まります。

みなさんのおかげで、ここに立てている

感謝の心がプラスαの力を出させてくれるのです。終わってから振り返り感謝するのではなく、現在進行形でやっているときに感謝するべきです。

毎日弁当をつくってくれている母親にありがとう
毎日がんばって働いてくれている父親にありがとう

支えられている感覚が、今をもっとがんばる原動力になります。エントモ野球塾の子どもたちは「毎日のお手伝い」を自分で決めて実行しています。

早起きして新聞をお父さんに手渡す
自分の使った食器は流し台まで持っていき、自分で洗う
自宅のトイレ掃除を毎日する

感謝を心の中で思うだけでは不十分です。

心・思いは行動により強化されていきます。思うだけじゃなく行動に移してこそ、感謝の氣持ちは深くなっていくのです。

ありがとうございます

感謝の心が自分を成長させてくれます。感謝が成果をあげる最後のスパイスになるのです。

一番近しい人へ感謝していますか？
ありがとうを行動で伝えていますか？

実際の
自分は
大丈夫か？

準備が悪く、行動の質が悪く、成果の出せない人たち

「一所懸命にやっていますが、成果が出ません」

成果が出ない原因は様々あると思いますが、目標に向かって正しい方向感覚をもちながら歩んでいるでしょうか。単純に行動を繰り返せば目的地にたどり着くと思ったら大間違いです。

「やっているのに」

この言葉が口から出てくると黄色信号です。場合によっては逆方向へ歩いているかもしれません。もしくは、成果がまったく伴わなく、自己成長も感じない状態であれば赤信号です。

「やっても無駄だ」

可能性を感じられずにやる氣も失せ、行動は繰り返しているけどマイナス感情で取り組んでいることでしょう。

行動は繰り返しているけど方向が……

自分の強みもわかっていないし、個人・チームとしての方向性も具体的じゃありません。人は定まっていないことに対し、全精力を傾け集中することはできません。

「君たちはどこまで行きたいのか」

この問いかけに対し、形式的に「日本一」「甲子園出場」と口を揃えますが、心を決めているチームは少ないのが現状です。大抵は「みんなが目指しているから」と覚悟のない心で毎日を過ごしているのです。

ほとんどのチームは最後の夏を終え、新しいチームになるとすぐに練習試合をします。高校野球であれば秋の大会はすぐ目の前なので、経験を積ませたいと思い、かなり前から組んでいた試合をこなしていきます。

秘密塾で指導者の方々へ伝えているのは、「まず心を決める」ということです。新チームになったら時間をかけてミーティングをし、喧々諤々言い合い、方向をビシッと決めるのが先です。

もちろん話だけじゃなく、技術練習もしますが試合はしません。基本もまだまだでしょうから、じっくりベーシックな練習をみっちりやります。その厳しい練習の中で心の揺れは必ず出てくるので、毎日のミーティングで心を固めていきます。

練習試合は選手としたら「楽」なのです……

楽をしながら目先の結果にとらわれ、スタート時に一番しなくてはいけない「心を固める」ことから目を背けます。心が決まっていないのに、練習試合をしても右往左往するだけです。

この繰り返しを大抵のチームはやっています。そして「今年はよい選手がいるから勝てる」とか「新しいチームは能力が低い選手でちょっと厳しいな」などと指導者は口ずさみます。

道は自分たちで切り拓き、環境は自分たちで整えていくのに「よいものが目の前にあれば」と考えています。当然、技術能力のある選手が入ってきても今まで通りの成果に終わることは、言うまでもありません。

育てる
つくりあげていく

この感覚がないと組織は成長しないし、機能しなくなることでしょう。指導者は「何かいい練習方法はないか」と〝やり方〟を模索し、負のスパイラルから抜け出せなくなります。

一歩目を間違えると、二歩目以降、進めば進むほど目的地から遠ざかっていきます。

ここまで読み進めると、「今まで成果が出ないのは当然だな」と感じている人もいるでしょう。落胆しなくても大丈夫、間違っていれば正せばいいのです。

「練習で新しい種目に移るときは、必ず『何を意識するか』を選手同士確認するべきだ。意識することはより具体的で〝何をどのようにするか〟を全員で共有してから行うように！」

私のチーム技術指導では、方向性をしっかり全員で定めて行います。成長できない選手、成果を出せないチームは、毎日の練習をなんとなくの惰性《だせい》で行なっています。
大きな目標への方向性も大事ですが、目の前の行動の方向性も同じように重要です。

修正能力が乏しく、成果が出せない人たち

なんとなくやっている人は、氣づき力も低く修正能力に欠けます。言われたとおりにはやるけど「自分で」という感覚がないと、変化できない人になります。

小学生のときには大活躍し、中学生でも結果を出せた。身体も大きいし、身体能力もある。この先は明るい未来が待っていると思います。しかし、高校野球の世界に入ると、なかなか思うように力が発揮できずに野球人生を終

えていく人は多いのです。

小学・中学の年代では身体の大きさである程度結果は出せます。結果に満足していると「工夫」することをしなくなります。この先は今までどおりにやればなんとかなると錯覚するのです。

高校からは「自ら考え動く」ことが強く求められます。中学までの成長過程で**「氣づく」「考える」「工夫する」**ことをしていないと、途端に動けなくなります。

逆に身体が小さく結果が出せなかった選手ほど、その過程で「どうしたらいいか」と考えながら野球をしているで、修正する下地はできています。

身体が徐々に大きくなり筋力もついてくれば、それまでウサギ的存在だった選手をこつこつカメさんが一氣にごぼう抜きにしていきます。ここが人生の面白いところです。

結果が出ていると思考停止し
結果が出ていないと考え出す

もちろん身体が大きく結果を出している選手に「考える習慣」をつけると大きく高校野球で飛躍することは言うまでもありません。

実力差のあるチームに完封した投手へ、試合後に問いかけます。

「今日のチームだから完封できたけど、この地域№1の○○チームだったら抑えられたか？」

「うーん、相手が弱かったので打ち損じてくれましたが、強かったら甘い球は打たれていたと思います」

「じゃ、次回の登板に向けて何をしていく？」

「常に低めへ投げこめるようにフォームの維持が課題です。維持できるような体力をつけるために、ランニングを多めにします。強力打線と対戦したときに心が揺れないように、練習のときから強打者と対戦している意識でやります」

「これでよし」なんてないのです。常に修正していく「なおもっと」の心で、向上していくことが大事です。考える癖を子どもの頃から身につけておかないと、自分で課題を出せなくなります。若いときに苦労を経験しなければ修正力・変化力は身につかないのです。

目標達成のあと

自分が思い描いた場所に到達すると、なんともいえない達成感や充実感でいっぱいになります。誰でも「しばらくそこに止まりたい」と考えます。しかし、そこに居続けようとする現状維持は、私の経験上、後退を意味します。

「これでいい」と思った瞬間に衰退が始まるのです。

人類がこの世に誕生したときから、今現在も止まることのない進化が続けられています。「このまま」と思った生物、時代の変化についていけなかった生物は絶滅していることでしょう。

もう一歩前に！

ある業界で飛び抜けた成果を出している方が言われました。

「追いかけているときが一番いい。思い描いたとおりに目標が達成したとき、心にぽっかり穴が空いたようだった」

大きな目標ほど、達成した充実感と裏腹に寂しさが残るものです。目標が達成し、燃え尽きることを「バーンアウト現象」といいます。達成してしまうと抜け殻のようになり、脱力感にみまわれる状態です。誰でも大なり小なりバーンアウトの経験をしたことがあるかと思います。

しかし、ひとつの山を登り終えたら、少々の休息があったとしても次の山を目指す人は多い。中途半端ではなく自分の力を出し切り目標を達成した人は、「**自己変容**」も勝ち取っています。

山を登りきった後、自分の成長と共に目の前の景色は大きく変わっていきます。感じないものが感じ取れ、見えないものが見えているはずです。

「次はあの山を目指そう」

極限の状態を経験し、心身ともにきつかったのに「次」という目標を言い出すのですから不思議なものです。

自分が成長する喜びを知った瞬間に、誰でも永遠に挑戦し続けていくものです。

充実感を味わいたい
感動したい
だから、もう一度挑戦する

充実感や感動は、人間にだけ与えられた特別なものかもしれません。

最初の目標の立て方が「自分」だけであれば、達成したら「おしまい」と歩みを止める可能性もあります。自己目標達成の先には、周囲の笑顔が必ずあります。

自分のため
誰かのため
「何のために」をハッキリさせて新たな目標を描き、自分の成長のために挑戦していきましょう！

今のあなたは何合目？

「今の自分は何合目だろうか」今の自分と照らし合わせて読み進めた方もいらっしゃるでしょう。

現在地がわかればその時々にあったことができるはずです。

自分の長い人生を考えると……○合目

野球について考えると　……◯合目
勉強について考えると　……◯合目

細分化して考えてください。野球は八合目までできているけど勉強は三合目。現在地が違えば考えること、やるべき行動も変わってきます。

今の自分は何に重点を置き意識をすればいいのかを考えてみましょう。

先月は五合目くらいのイメージだったけど、今月は七合目まで来ているような氣がする……

世の中は時々刻々と変わっていますが、自分も日々の経験や学びから変わっているものです。都度、〝今の状態〟を知ることで方向を定めることができます。

熟考するとき
ゆっくり歩むとき

全力疾走するとき
少し休むとき

夢や目標達成への長い道のりを車で例えてみましょう。

最初の揺るぎない土台をつくる段階では、パワーがあまりない軽自動車ですが、ゆっくりとしていても確かな感じで進んでいきます。

ちょっと荒れて上下の起伏がある道が目の前に現れました。軽自動車では走りづらいので、軽自動車から四輪駆動の車に乗り換えて凸凹道《でこぼこ》を駆け抜けます。

凸凹道を過ぎると、平らでいい道になりました。一氣に最後のラストスパートをするべく、四輪駆動の車からスポーツカーに乗り換えて速度アップです。そしてゴールテープを切る……。

臨機応変に道具をその時々で変えていくことが求められます。そのときにあった行動を選択できるかが大切なのです。

易経の竹村先生は「兆し」をどう感じるかが大事だと言われます。今の自分の流れをどのように感じていけるのか、氣づいていけるかで「乗り物」も変わっていくのです。

兆しを感じられる人になるために、どうすればいいのか……

良質の学びは不可欠です。**本当の学びは、有事のときに生かされます。**ピンチになってから学ぼうとしても、慌てふためいているときは深く学ぶことは難しいです。

何もない平時だからこそ、学びを積み重ねて有事に備えます。

成果を出せない人は、平時に楽をし、何かあったときに慌てます。成果を出せる人は、平時にこそじっくり学び、有事にそれを生かしているのです。

自分の人生の流れ、兆しを感じられるような学びをしていきましょう。自分を本当に守れるのは自分です。常に何かに頼るのではなく、自分の力で立てる人を目指しましょう。

成果が
出せる
チームの
特徴

個人で目標を立て、たゆまない努力を積み重ね、行きたいところまで行けたときの喜びは大きなものがあります。私は社会人野球生活の中で、数々の個人の目標達成はしてきました。でも、もっと大きな喜びがあることを知っています。

チームの目標達成は、個人の目標達成以上の大きな喜びがあります。社会人野球時代、自分が活躍できなくても、チーム最大の目標である「都市対抗大会で勝利」したときはなんともいえない喜びがありました。喜びをひとりで噛み締めるだけじゃなく、達成したときに爆発的にチームメイト全員で喜び合う経験を何度もしました。

チーム目標が達成し、みんなで喜ぶ。個人目標も同時に達成し、充実感いっぱいで個人でも喜ぶ。両方の目標が叶ったときに、魂が震えるくらいの感情になることでしょう。

自分だけ活躍し、自分だけ喜べばいいというのではいけません。個人目標を達成するべく己を磨きつつ、同時にチームのことも考えていければ最高です。最初は自分のことだけで精一杯だと思いますが、歩み出し土台が固まりつつあれば、周囲をみる余裕が出てくるはずです。目標達成時に、より大きな感動にするために〝チーム〟についても考えていく必要があるのです。

五つの条件

スポーツだけじゃなく、ビジネスの世界も同じことがいえます。

私は社員研修も数多くやっていますが、原理原則（あり方）は一緒だと思います。私がたくさんのチーム（組織）にレクチャーしていますが、成果を出しているチームの特徴をご紹介しましょう。

① 本氣のぶつかり合い

成果を出せないチームは、どのシーンでも「妥協」という行動を繰り返しています。いつも成果を出している人がチームのルール違反をしても「あいつは結果を出しているし、言えないよな」となります。

特別視をして言いたいことも言えないような雰囲氣があり、見てみないふりをしてしまうのです。

「それっておかしいぞ」

「チームの決め事はしっかり守ろうぜ」

お互いの思いを伝え合うという環境は大事です。結果を出しているから特別、というチームは必ず不平不満が充満し、争いが起きてくるのです。

「穏便に……」「波風立てないように……」というチームこそ崩壊していきます。自分がまだまだ大したことないからと思い、自分の意見を言えない人もいます。これは本氣の人、本氣のチームではありません。

自分がまだまだの状態でも、チームとしてのルールや決め事については一切妥協をしてはいけないのです。

ダメなものはダメ

本氣で言い合えるチームは厳しい空氣も流れ、ピリッとした雰囲気となります。厳しいからこそ人は育ち成長していきます。結果的に、ぶつかり合うチームは成果も出していくのです。

②　個が強い

弱い個人が集まったチームは、もちろん力を発揮できません。弱い人が周囲の仲間にもたれかかると、強い人も力を発揮できなくなります。

「チームとして団結しようぜ」

「チームワークを大切にしよう」

氣持ちはわかりますが、強いチームを目指すなら団結を最初に考えるのではなく「**個人を強くする**」ことを念頭におかなくてはいけません。

それぞれが自分の強みを磨き、妥協することなくレベルアップしていきます。強い一個人となり、その個人が集合体になったときに最強軍団ができるのです。

チーム内で激しい競争があり、〝競い合う環境〟が強くなるためには必要です。

席が決まっている……

この環境では人は育ちません。野球でレギュラーという言葉を使えばマイナスの方向にいきます。試合によく出ている選手が「俺はこのポジションだ」と思えば、なおもっとと自分を追いこみ向上させようとは思いません。維持は考えますが強化とは考えないものです。どうしても甘い方向にいってしまうのです。

控え選手はどうでしょうか。レギュラーという名の椅子が決まっていれば、どう努力しても無理だというイメージを持ちます。チャンスがあり、可能性があれば努力に拍車がかかりますが「席がない」と思えばやる氣も下がりながらの行動を繰り返していきます。
競争のない世界は衰退していきます。

ひとりひとりが自分を磨いていくという考え方で、強くなるような行動をしていく。そういったチームは、必ず〝最終的に〟ひとつにまとまっていくのです。

強い個が集まったチームが成果を出せないわけがありません。自分の強みを持ち、個性豊かな集団が新しい歴史をつくっていきます。

③役割に徹している

普段は個を磨くことを各自でやっていますが、本番になれば全員がやるべきことを考え、するべきことをしていくことが求められます。

スタンドプレーではなく、チームプレーに徹することがチームの成果に結びつきます。

「君はこれをしてね」

「あなたはこれをやろう」

言われてから動くチームはまだまだです。成果を出すチームは、リーダーに言われなくても自分ができることを敏感に察知して戦闘配置についていきます。

チームの中にはもちろんライバルがいるので、本番までは競争を繰り返しますが、いったん本番（大会）に入ればそれぞれの役割をやり切ろうとします。

野球は自己犠牲を積極的にするスポーツです。バントという行為は自分がアウトになり、走者を次の塁に進める作戦です。自分の行動によって誰かを生かす思考が強いチームは成果を出していきます。

「俺が、俺が」

自分が中心となって考え過ぎるチームは大きな成果を出せないのです。本当に強い人は、**自己犠牲の心**を持っています。弱い人ほど、「俺が俺が思考」になります。

強い人は優しいし思いやりがある。

自分以外を生かそうと全員が思っているチームが勝てないわけがありません。

ときには自分が前線に立って動き回り、ときには自分以外のサポートを本氣でやる集団、大きな成果を出していきます。

「あいつは道具管理をしているから偉くない」

「控え選手なんだからグラウンド整備をしてろ」

誰が偉く誰が偉くないなんてことは幻想です。

すべての人に役割があり、すべての人が必要なのです。

会社でいえば社長だけが偉いのでしょうか。そんなことはありません。前線で働いてくれている社員さんがいるからこそ、社長さんは今のポジションにいられるのです。

「役割に徹してくれてありがとう」

強いチームはお互いの存在を認めます。どんな境遇でも相手に対して敬意を払っているのです。

強いチームは、試合に出ている選手が率先してグラウンド整備をします。弱いチームは、下級生に「整備しろ」と押し付けます。

自分が一番使っているグラウンドですから、自分で整備するのは当然のことです。

誰よりも早く道具を出し、誰よりも早く後片付けをする選手。主力選手ほど「生かされている」ことを知っていますから行動に移していきます。

④同じ方向を見ている

ステップ1で目標についてふれましたが、成果を出すチームは向いている方向が常に一緒です。それぞれの強みを生かそうとしますから、一見行動はバラバラに見えますが、心の奥底では同じターゲットを見据えています。最終的な目的地に向かい、歩んでいくルートは違っても最終的には同じ場所に全員が着きます。物事を成し遂げるための方法は、数多く存在します。それぞれの感性で行動を積み重ねていくのです。

「このやり方じゃなきゃダメだ」

やり方に固執するチームは成果を出せません。リーダーは、自分の過去の経験をもとに「こうあるべき」と考えがちです。でも、人間は育ってきた過程も千差万別だし、考え方も十人十色です。

「この道にしなさい」といった瞬間に自分の力を発揮できない人が出てきます。躾やルールの部分は、心を整えることが目的なので絶対的であり強制してもやる部分ですが、目標に向かっていく「道」に関しては各自の感性を最優先するべきです。

天外伺朗先生（注16）は燃える集団をつくる達人です。

天外先生は「**上が活性化すると、下は不活性化する**」と言います。かなり深い言葉ですが、リーダーが選手を押さえつけて管理し過ぎると、自分で考えることもしなくなり、指示待ちの空氣が流れます。

「上から指示や命令をせず、**内発的動機**で行動させることが重要」と天外先生は言われます。

やり方は任せる

中日の落合博満監督も、「任せる」という指導法で数々の成果を出してきました。「こうあるべきである」という固定観念ではいけないと知っていて、監督時代は我慢して任せることを徹底してされていました。

目指す方向は一緒で
各自が自由に考えられる環境

動くのは選手です。ビジネスでも会社の顔になっているのは、現場で直接お客様と接している社員さんです。

自由にやるとは適当にやるということではなく、自由にできる環境だからこそ「責任」が生じます。本当の自由は、各自が責任をもって考え行動していくことです。そこに厳しさもあり、妥協もないのです。

⑤ 絆が強く結ばれている

相手目線で考えられるチームほど、強いものはありません。本氣のぶつかり合いをしながら厳しい環境で切磋琢磨しますが、ここに愛情があります。相手のことをいかに考えられるか、相手の立場にたって想像できるかがチームの絆を強固にしていきます。

冬に実施する野球講演で選手に必ず言う言葉があります。

「監督の立場になって考えたことはあるか」

野球選手は誰でも試合に出たいし、出れなかったら指導者に対して不平不満の心をもつ人もいます。それが積み重なってモンスター化して、いつか爆発します。

監督もひとりの人間です。家族がいて子どもがいるとします。小さな子どもはお父さんに言います。

「お父さん、今日遊園地に連れてって」
「ごめんね。今日も野球なんだ……」

野球を指導する立場にいる人は、土日は野球の練習や試合。平日も夜遅くまで選手のために指導しています。監督も人間ですからときには「休みたいな」とか「子どもを遊園地に連れて行ってあげたい」と思うことでしょう。しかし、目の前の選手に対し、少しでもよくなって欲しいと尽力しているのです。

「指導者なんだから当たり前」

本当にそうでしょうか。自分たちが卒業しても新しい選手が入部して、監督をしている間は永遠にこの生活が続きます。
「自分が指導者だったら、同じようにできるか」の問いに、想像力のある選手は目線を下に落とし「自信ないです」と正直に語ります。

仕事の世界も同じです。給料が少ない、労働時間が長い、自分を視点に考えれば愚痴のひとつも出ることでしょう。しかし、会社経営者、社長さんは少しでも社員さんへ給料を上げられるよう日々頭を悩ましています。

掃除の神様と言われている鍵山秀三郎（注17）さん。鍵山さんはカー用品を販売しているイエローハットという会社をつくられた方です。

鍵山さんはがんばっている社員さんの給料を上げたいと常に考えていましたが、会社立ち上げ当初はそうするわけにもいかずに頭を悩ませたそうです。

「せめて社員さんたちが氣持ちよく働けるように、トイレ掃除をしよう」

会社にいち早く出勤し、社員さんのために会社のトイレをピカピカに磨きあげました。その姿を見て社員さんは感動し、自らもトイレ掃除をやるようになったのです。当然、業績はうなぎのぼりに飛躍していきました。

偉そうにふんぞり返り、自分だけ儲けているのが社長じゃないのです。本当に社員さんのことを思いながら、頭を悩ませ行動している方も多く存在します。

相手の立場になって
お互いが考えるチーム

自然に感謝の念がわき出て、お互いを大切に愛おしく思います。太い絆で結ばれているチームが飛び抜けた成果を出していきます。

今のチーム（組織）は？

今のチームの状態は、成果を出せる条件が揃っているのでしょうか。何が足りないかがわかれば「こうしよう」と行動が思いつくはずです。①〜⑤を今のチームに照らし合わせて考えてみてください。

自分の目標も達成し、チームの目標も達成する。最高の感動と喜び、それによって地域が元氣となり、周囲の人たちも幸せになっていく。一度きりの人生、価値観は様々でしょうが思い描いた場所にいけるよう積み重ねていきましょう。

図7　自分把握シート〈チーム編〉

本氣のぶつかり合い	本当のことを本氣で伝えあっているチームか…… 1 2 3 4 5 6 7 8 9 10 足りないこと、するべき行動
個が強い	ひとりひとりが己を磨いているか…… 1 2 3 4 5 6 7 8 9 10 足りないこと、するべき行動
役割に徹している	自分の役割を理解し、それに集中しているか…… 1 2 3 4 5 6 7 8 9 10 足りないこと、するべき行動
同じ方向を向いている	最終的な到達点に全員が向いているか…… 1 2 3 4 5 6 7 8 9 10 足りないこと、するべき行動
絆が強い	上下関係、横の関係がしっかり結ばれているか…… 1 2 3 4 5 6 7 8 9 10 足りないこと、するべき行動

〈今月の振り返り（全体）＆来月への重点項目（取り組み）について〉

あとがき

小学四年生からチームに所属し、本格的に野球人生がスタートしました。中学、高校、そして社会人野球まで野球を経験し三十四歳で引退。小学四年生から数えると〝二十五年間〟本氣でプレーができました。

振り返れば、燃え尽きるまで野球ができたのも、負けず嫌いの少年が「準備」を怠らなかったからだと思います。

成果を出したいから準備をする
準備をするから成果が出る

しようと思えば誰にでもできる準備なのに、ほとんどの人が準備を軽視する。なぜでしょうか。答えは簡単です。

面倒だからです

ちょっとした手間をかけれるか、その時間を惜しむのか。成功の分岐点は、**「ちょっとした差」**なのが本当のところです。

「あいつは能力があるから」と成果を出せない人は言いますが、準備に時間をかけない自分に問題があります。

野球のイチロー選手も、サッカーの三浦知良選手も、じつは準備に時間を費やしたからこそ飛び抜けた成果をあげられたのです。

ちょっとの差ですが、ちょっとを積み重ねていけば一流選手になっていきます。

本書を読み、数年後……

「準備という地味な時間を大切にしてきたから成果が出せた」

そんなスポーツ選手やビジネスマンが出てくると嬉しいですね。

講演会で、子どもたちに夢を聞くことがあります。

ある小学生が言いました……

「宝くじを当てるのが夢」

この答えに愕然とします。宝くじを当てて富を得るということは、言い換えれば楽をして富を得たいということです。楽をして成功できるという幻想を抱き、目の前の困難から逃げている子どもたちが多くいます。

楽をすると
苦しみが待っている

大きなものを手にしたいのならば、厳しい積み重ね（準備）が必要なのです。その先に栄光が待っています。

どの世界でも一流の人（プロ）は、「当日にラッキーはない。だから今を真剣に準備する」といいます。

一流になりきれない人（アマチュア）は、「当日なんとかなるさ」と思い、今を適当に過ごし準備を怠ります。

真のプロは、準備の大切さを知っていて行動に移していくのです。私はプロ野球選手にはなれませんでしたが、準備をしっかりしたことで社会人野球の世界で成果を出せました。

本書を通して、たくさんの方々が「**準備力**」に目覚めて欲しいと思います。

準備力の差で
成果が決まる

二〇〇七年に初めての著書「考える野球」を世に出してから五年の年月が過ぎました。野球関係の方からまったく野球に接点のない方まで、たくさんの方が手に取ってくれました。

この五年間は、たくさんの出会いがあり、学び多き時間でした。今まで歩んできた自分の道を振り返り、なぜうまくいったのかを明確にできた五年でもありました。

サブタイトルに「実践する考える野球」と書き添えましたが **〝実践する〟** ということが大事です。

知っているだけじゃダメなのです。実践して初めて成果につながっていきます。

準備をするということは、今を大切にするということです。

本書を読みひとりでも多くの人が「自分でもできる」と考えてくれれば本望です。

そしてビジネスであれば「フロー」、スポーツであれば「ゾーン」を体験して欲しいと思います。

最後に、今の自分をつくり上げてくれた出会い・経験に感謝いたします。

遠藤友彦

ありがとうございます!!

▲注釈▼

※敬称略

注1　エントモ会
「他人の芝生は美しく見えるもの」他人のマネをするのではなく、己を磨くというコンセプトのもと、全国どこでも継続的に学べる通信教育。毎月エントモの「プチ講演音声」、隔月で署名人との「対談DVD」、特製カレンダー、振り返りシートを会報と共に送付。野球以外の方におすすめの「一般コース」、野球関係者の方におすすめの「野球コース」の二種類がある。詳しくは、http://www12.plala.or.jp/endou27/entomo_kai01.html

注2　エントモ流「現状把握野球バージョン」
support@entomo-office.comまで、お名前と本書感想を書き添えてメール願います。エクセルシートを添付して返信します。

注3　西田文郎
株式会社サンリ代表取締役会長。西田塾塾長。日本のメンタルトレーニング研究・指導の第一人者。「No.1理論」他著書多数。

注4　選球眼
打者が投手の投げた球を、ストライクかボールかを見極める力。

注5　竹村亞希子
中国古典「易経」をわかりやすく解説する一方、企業経営者に「易経」に基づくアドバイスを行っている。著書に「人生に生かす易経」他。

注6　出路雅明
株式会社ヒューマンフォーラム代表取締役。義理と人情のやる気伝道師。著書に「ほぼ実録!!ちょっとアホ!理論」他。

注7　小西正行
株式会社スペースアップ代表取締役。2012年度にはグループ売上げ100億円を目指し、グループ4社を経営しながら全国で講演活動中。著書に「だから、社員がやる気になる!」他。

注8 **小田島裕一**
十五年の教師生活を経て、青年海外協力隊員として二年間アフリカウガンダで、野球の指導にあたる。帰国後「日本人という生き方」に焦点をあて、全国で「立志塾」をおこなっている。著書「日本人という生き方」

注9 **エントモ親塾**
全国各地で行なっている親塾。子どもを持つお父さんお母さんだけじゃなく、部下を持つビジネスのリーダーも参加する自分を磨く講座。テクニック「やり方」を学ぶというより、己の「あり方」を深く考える講座。

注10 **須田達史**
株式会社ヒューマン・パワー・イノベーション代表取締役。少人数制の「人間力開発塾・須田塾」を全国で展開。代表理事。著書に「本気の子育て」「やせる！体幹チューニング」がある。

注11 **加賀谷実**
神奈川県で活躍する高校野球指導者。教え子に、1994年ドラフト一巡目で巨人に指名された「河原純一投手」がいる。2012年現在神奈川県立弥栄高校の野球部監督。

注12 **佐藤等**
佐藤等公認会計士事務所所長。ドラッカー学会監事。ベストセラー「実践するドラッカー」シリーズの著者。

注13 **高田真吾**
中学校体育教諭。北海道遠軽にて生徒指導をしながら野球部の監督もしている。愛情ある厳しい指導で、中学生の心のコップを上向きにしていく。地域からの信頼は絶大。

注14 **エントモ「秘密塾」**
全国各地で行なっている野球指導向け講座。怪しいネーミングだが、「秘密」なことをすべて公開している。投手、捕手、守備、打撃、走塁、事前準備（分析）、指導に細かく分けて実施している。

注15 **吉田麻子**
株式会社カラーディア代表取締役。「カラーで人は必ず輝く！」をテーマに、各種セミナー、講演、講座等を全国で実施。志喜彩塾塾長。著書に「実践する色彩学」「7色のすごいチカラ！」がある。

注16 **天外伺朗**
元ソニー上席常務。ソニーでCDや犬型ロボットAIBOの開発を主導。天外塾塾長。著書に「経営者の運力」他多数。

注17 **鍵山秀三郎**
株式会社イエローハット創業者。NPO法人日本を美しくする会相談役。著書は「凡事徹底」「小さな実践の一歩から」など多数。

遠藤友彦

Tomohiko Endou

1968年　北海道札幌市出身

有限会社ゴーアヘッドジャパン　代表取締役

エントモ野球塾主宰

通称：エントモ

小学四年生から本格的に野球チームに所属し、野球に打ち込む。高校卒業後、NTT北海道に捕手として入部。「考える」という強みを十分発揮し「考える野球」を構築。都市対抗全国大会で四年連続初戦本塁打を達成。現役十六年間の打率は、三割四分一厘、本番に強くスランプのない野球人生をおくる。引退後は、北海道の野球を大きく変えた駒澤大学附属苫小牧高校野球部と深く繋がり、甲子園にて優勝・優勝・準優勝のサポートをする。甲子園では戦略・分析・メンタルの部分で活躍し、"駒苫の知恵袋"と言われた。プロ野球で活躍している田中将大投手も指導した。現在は、全国で秘密塾（野球指導者塾）や自分大学などの講演会の企画や運営を中心に、社員研修や企業講演、教育関係の講演も手掛ける。

著書に「考える野球」「当たり前基準」「鷲谷修也の挑戦」がある。

座右の銘は「流汗悟道」

エントモ公式ホームページ

「遠藤友彦の熱血！ 野球塾」

http://www12.plala.or.jp/endou27/

エントモメルマガ

「動けば氣づく、氣づけば動く」

00543862s@merumo.ne.jp　（空メール送信で無料登録完了）

エントモ会

毎月継続する刺激を会報と共にお届けしています！

http://www12.plala.or.jp/endou27/entomo_kai01.html

から学ぶ!!

エントモ秘密塾

全国各地で行なっている野球指導向け講座。

怪しいネーミングだが、「秘密」なことをすべて公開している。

投手、捕手、守備、打撃、走塁、事前準備(分析)、指導に細かく分けて実施している。

8講座～14講座で完結するエントモイズムが完璧に学べる講座。

「弱者の戦い」や「考える野球」について詳しく伝えている。


日本全国どこでも人数が集まれば開講。詳しくは、

http://www12.plala.or.jp/endou27/himitsu.html

エントモセミナー・講演会の依頼

企業・異業種団体、社員研修、学校・教育関係、PTA、スポーツ団体・チームなど
多岐に渡り話しています。
主催側のリクエストに応え、いかようにもアレンジします。

「当たり前で成果を出す」「成果が出せる準備力」「強いチームの条件」

「本氣のチーム作り」チーム単位で野球指導もしています。

「技術指導」「選手への話」「父母会への話」の三本立てがオーソドックスです。


申込&料金の問合わせは…

support@entomo-office.com

【準備力 実践する考える野球】

初　刷 ―― 二〇一二年五月五日
著　者 ―― 遠藤友彦
発行者 ―― 斉藤隆幸
発行所 ―― エイチエス株式会社　HS Co., LTD.
064-0822
札幌市中央区北2条西20丁目1-12佐々木ビル
phone : 011.792.7130　fax : 011.613.3700
e-mail : info@hs-prj.jp　URL : www.hs-prj.jp
発売元 ―― 株式会社無双舎
151-0051
東京都渋谷区千駄ヶ谷2-1-9 Barbizon71
phone : 03.6438.1856　fax : 03.6438.1859
http://www.musosha.co.jp/
印刷・製本 ―― 中央精版印刷株式会社
乱丁・落丁はお取替えします。

ISBN978-4-86408-932-6